MOMMES WEG

Episoden des Nordfriesen
Momme Jensen Lundelius

Momme J. Lundelius

MOMMES WEG

Episoden des Nordfriesen
Momme Jensen Lundelius

BoD

ISBN 978-3-8391-9924-4
© 2011 Momme Lundelius
Herstellung und Verlag:
Books on Demand GmbH, Norderstedt

INHALTSVERZEICHNIS

Seite

Vorwort

Eigentlich wollte ich nur mein LEHRJAHR beim Flugzeugbauer FOCKE-WULF in Bremen-Sebaldsbrück zu Papier bringen, denn das Jahr 1944 brachte für uns 14jährige in einem Jahr so viel komprimiertes Erleben, welches normalerweise für mehrere Jahre reicht! Wurden wir doch in der Kaserne in Bremen-Hemelingen nebenher auch als Militärschüler ausgebildet, um die Zukunft des Deutschen Reiches zu sichern.

Aber meine Kindheit in Bredstedt, Nordfriesland, als „spielender Heranwachsender" schien mir auch interessant genug, um aufgeschrieben zu werden. Mussten wir doch hier schon gezwungenermaßen den unheilvollen Weg der Nazis mit beschreiten!

Die Nachkriegsjahre erlebten wir in Norddeutschland relativ gut, unser ländlicher Raum war fast unbeschadet davongekommen und Hunger wie in den Großstädten mussten wir nicht in dem Maße erleiden. Es folgte die Beendigung einer Lehre als Zentralheizungs- und Sanitärinstallateur. Das Jahr in Bremen wurde mir auf die Lehrzeit angerechnet. Danach folgte eine Weiterbeschäftigung bei meiner Lehrfirma bis zur Währungsreform im Juli 1948.

Hier endete meine Beschäftigung mit der Entlassung und ich stand buchstäblich „auf der Straße". Eine Anstellung zu finden, war in dieser Zeit unmöglich.

Das Arbeitsamt habe ich nicht aufgesucht, sondern beschlossen, zusammen mit einem gleichfalls entlassenen Arbeitskollegen, unser GLÜCK in der FREMDE zu versuchen!

Mit einer „Wegzehrung fürs Erste" von meiner Mutter und
zwanzig DEUTSCHE MARK von meinem Vater machten
wir uns auf den Weg in den Süden!

Bis Hamburg übernahmen unsere Eltern noch die Fahrt-
kosten. Danach waren wir auf uns allein gestellt!
Ab diesem Zeitpunkt wurde ich dem Sprichwort gerecht:

„JEDER IST SEINES GLÜCKES SCHMIED"

Im Jahre 2010   MOMME LUNDELIUS

Meine Kindheit

Als ich am 25. Februar 1930 um viertel vor acht als Sohn von Johanne und Paul LUNDELIUS geboren wurde, stand mein Vorname noch nicht fest.

Es war ein Freitag. Am Montag erschien mein Vater auf dem Standesamt in Bredstedt, um die Geburt eines „Knaben" anzuzeigen. Da meine Eltern einen geeigneten Namen noch nicht parat hatten, trug der Beamte, Herr Steenbock, in die Rubrik Vornamen erst einmal

„NOCH NICHT" ein!

A.

Nr. 14.

Bredstedt, am 21. Februar 1930.

Vor dem unterzeichneten Standesbeamten erschien heute, der Persönlichkeit nach _______________ bekannt,

Der Installateur Paul Friedrich Johannes Lundelius

wohnhaft in Bredstedt, Gührenstraße 54

und zeigte an, daß von der Johanna Katharina Hermine Lundelius geborenen Jensen, seiner Ehefrau

wohnhaft bei ihm

zu Bredstedt in seiner Wohnung am fünfundzwanzigsten Februar des Jahres tausend neunhundert dreißig vormittags um siebendreiviertel Uhr ein Knabe geboren worden sei, und daß das Kind einen Vornamen

noch nicht

erhalten habe.

Vorgelesen, genehmigt und unterschrieben.

Paul Friedrich Johannes Lundelius.

Der Standesbeamte

In Vertretung
Steenbock

9

So hatte ich in den ersten 5 Wochen meines Erden-
daseins noch keinen Namen! Nach Gesprächen mit
meinem Großvater MOMME   JENSEN, Vater meiner
Mutter und Bauer auf dem Friesenhof in Deezbüll-Burg,
beschloss man, mir die Vornamen „MOMME MAX
JENSEN" zu geben. Opa Momme meinte, ich könne
später vielleicht ja mal den Hof übernehmen und so
würde der Name gut passen! Max stand für den Bruder
meines Vaters, meinen Patenonkel.
So kam mein Vater am 03.04.1930 erneut auf das Amt
und meine Vornamen kamen in die richtige Reihe.

Auf dem JENSEN-HOF wurden acht Kinder geboren, vier
Jungen und vier Mädchen. Meine Großmutter, die
Bäuerin Nikoline Jensen, geborene Hinrichsen, starb
bereits 1904 im Alter von 56 Jahren! Meine Mutter,
gerade 6 und die Jüngste, musste jetzt von ihrer 14
Jahre älteren Schwester ANNE erzogen werden. Auch
musste Anne auf dem Bauernhof den Haushalt führen.
Der große Altersunterschied der Kinder brachte für mich
später erhebliche Vorteile.

Drei der vier Jensen-Jungen fielen im ersten Weltkrieg! Mutters sechs Jahre älterer Bruder Ingwer musste daher später den Hof übernehmen. Die Jahre vergingen. Johanne Jensen heiratete den Gastwirtssohn Paul Lundelius aus Husum. Ihr Vater übergab den Bauernhof an Bruder Ingwer und dessen Frau Anni. Ihre Schwester Margarethe heiratete den Bauern Carl Thor Straten aus Horsbüll. Ihre „Ersatzmutter" Anne heiratete den Großbauern Ingwer Nommensen aus dem Kleiseerkoog. Ihre Schwester Sophie heiratete den Schlachtermeister Andreas Bahnsen aus Todenbüttel. Mittlerweile waren wir ansässig in Bredstedt, in der Husumerstraße 54, meinem Geburtshaus. Meine Schwester Anne-Lise war bei meiner Geburt bereits 5 ½ Jahre alt, aber sie wurde in der Husumerstraße 12 geboren, im Hause von Karl Claußen. Unser Großvater Mathias Lundelius, Besitzer des „TWIETENKROG" in Husum, hatte das Haus Nr. 54 für seinen Sohn Paul und Familie gekauft und uns dann vermietet.
Als kleiner „BUTTJER" waren meine liebsten Nachbarn Nielsens und Hansens. Onkel Nielsen war Lokomotivführer der Kleinbahn Niebüll-Dagebüll und auf seinen Knien erfuhr ich die tollsten Geschichten! Onkel Hansen war Polizist und hier im Haus war ich immer ein gerngesehener Gast „um die Weihnachtszeit". Wenn ich vor der Tür stand und diese sich öffnete, war meine Frage: „Tante Hansen, hatt du bakt?"
Großvater Momme Jensen, welcher bei seinem Sohn Ingwer in Deezbüll auf dem Bauernhof sein Altenteildomizil hatte, besuchte uns oft in Bredstedt und blieb auch über Nacht. Platz hatten wir genug, denn Uwe, Ingrid und Holger waren noch nicht geboren. Uwe kam am 28. Juni 1932 auf die Welt. So waren dann Anne-Lise und ich vorerst seine Lieblinge.

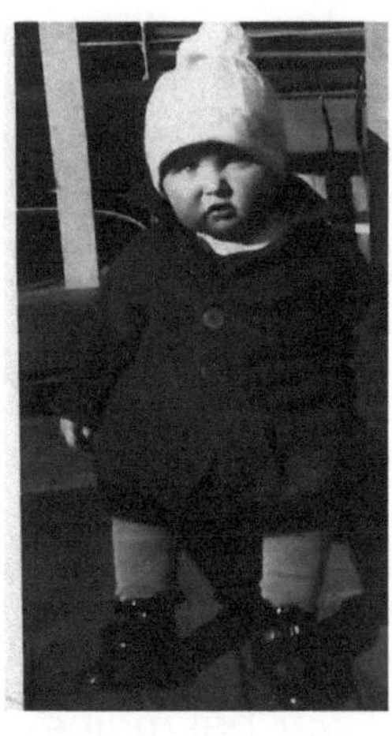

Vor allem ich, sein Enkel Momme Max Jensen, durfte auf seinen Knien reiten und in seinem Mooringer Frasch sang er dazu: HOPPE HOPPE RITTE, SPOORE BI E SITTE, AAPPLE IN E POOSE FAALE EI E MOOSE! Zu deutsch: hoppe hoppe Reite, Sporen in die Seite, Äpfel in den Beutel, falle nicht in Moos. Als Opa Momme Jensen mal wieder zu Besuch war, wurde er krank und kam ins Bredstedter Krankenhaus, wo er auch starb. Er wurde 80 Jahr alt. Auch Bruder Uwe hatte noch das Glück, auf seinen Knien zu reiten.

Der erste wichtige LEBENSABSCHNITT neigte sich für mich dem Ende zu. Ich war sechs Jahre alt und wurde in der Volksschule in der Süderstraße in Bredstedt eingeschult. Meine ersten Lehrerinnen waren Fräulein Christ und Frau Lorenzen. Später kamen Herr Andresen, Herr Allers und Herr Barharn hinzu.
Unser Rektor war Herr Jeß, ein wundervoller, mitfühlender Mensch. Herr Barharn, welcher in den letzten Jahren mein Klassenlehrer war, war von der etwas härteren Sorte, also eher streng!

Mein erster Schultag war ein Erlebnis und wurde danach in APOTHEKER WOLFS Garten im Bild festgehalten. Leider ohne Tüte. Der große Garten des Apothekers Walter Wolf war in Bredstedt etwas Besonderes, war dort doch auf einem hohen Betonmast ein Storchennest, welches jedes Jahr besetzt war. Die Größe des Gartens war beeindruckend und er war ausgestattet mit vielen mediterranen Bäumen und Sträuchern, sowie gefüllt mit seltenen Steinen und Stufen. 1740 wurde vom dänischen König Friedrich für diese Apotheke das Privilegium erteilt. Sie liegt am Marktplatz im historischen Gebäude, um 1611 erbaut. Apotheker Wolf war sehr kinderlieb, so stand in einem hinteren Raum eine BONBONDOSE, gefüllt mit Kandis und Lakritz. Diese Dose war nur Insidern bekannt, zu denen auch ich gelegentlich gehörte! Die Privilegierten waren meist Kinder von Ärzten und Nachbarn. Aber mein Vater, schon seit 1929 mit einem Elektrogeschäft in Bredstedt selbständig, hatte das

Glück, für die „Apotheke" arbeiten zu dürfen und nahm mich öfter mit dorthin, sowie später auch meinen Bruder Uwe.

In der Schule kam ich ganz gut mit, nur mit dem Rechnen haperte es! Mein neben mir sitzender Freund Hans Tralau konnte es umso besser und davon habe ich profitiert. Wir beide saßen in der zweitletzten Reihe. Vor mir saß Theo Lorenzen. Vor Hans saß Hans Lorenz Michaelsen und hinter uns Hans Werner Berendsen und Paul Martin Paulsen. Es gab in dem Klassenzimmer drei längsgerichtete Bankreihen. In der Mitte saßen überwiegend Mädchen. Neben mir z. B., durch einen Gang getrennt, Frieda Jensen und daneben Traute Vollster. Der hinter mir sitzende Paul Martin Paulsen hatte neben sich Nikoline Paulsen, welche er auch später geheiratet hat!

In der vierten Klasse bekamen wir einen Neuen! Aus Bongsiel kam LAURITZ THAMSEN zu uns nach Bredstedt. Er holte sich bei uns das Rüstzeug für die Mittelschule, in die er dann mit 10 Jahren wechselte. Er wohnte in Bredstedt bei seiner Tante.

Auch mit ihm freundeten wir uns an, aber Lauritz war mir schon vorher bekannt. Mein Vater hatte als Elektriker oft in Ockholm und auch in der Gaststätte Thamsen in Bongsiel zu tun. Wir wurden so gute Freunde, dass ich übers Wochenende zu ihm eingeladen wurde und mit dem Fahrrad „anreiste". Das schlimmste Teilstück war von Sterdebüll bis Nissenshörn über den Grandchausseedeich und den Wind stramm von vorn!

Die zwei Tage in Bongsiel entschädigten mich aber und blieben unvergesslich. Unser SPIELEN fand auf dem Wasser statt. Vom innendeichs liegenden Kanal „wriggten" wir bei geöffneten Schleusentoren mit dem

Beiboot in den Hafenpriel, von dem aus die Schiffe zu den Halligen und nach Amrum fuhren.

Bei der Durchfahrt durch die Deichkammer (ein gemauerter Rundbogen) beschlich mich immer ein unheimliches Gefühl! Lauritz' kleiner Bruder „Hanni", ich glaube, er war mal gerade sechs, machte das ganz alleine!

Neben unserer ehrwürdigen alten Volksschule stand, nur durch das Pastorat und ein kleines Wohnhaus (Fiete Kerksick) getrennt, die auch sehr ansehnliche, aus Ziegelstein gebaute Mittelschule, ein repräsentativer Backsteinbau. Beide Schulen hatten einen gemeinsamen Schulhof, welcher hinter dem Pastorat und dem Wohnhaus sich vereinigte. Der Pastoratsgarten war gefüllt mit Apfelbäumen. Wenn die Äpfel reif waren fanden die Kinder immer wieder einen Weg, einige zu „stibitzen", trotz der Lehreraufsicht! Der Vater meines Freundes Hans, Johann Tralau, war Hausmeister in der Mittelschule. Der für die Volksschule zuständige hieß Bobe Thomsen.

Mittelschule

Volksschule

Nach Schulschluss ging es nach Hause. Von der Schule ein Stück durch die Süderstrasse und dann links ab durch einen von alten Bäumen gesäumten Fußweg, von uns Kindern auf plattdeutsch „de Wiechelstiech" genannt, welcher sich auf halber Strecke zur Husumerstraße erweiterte und einen Parkcharakter bekam. Insgesamt dauerte der Weg nach Hause ca. 20 Minuten.
Unsere Husumerstraße war an beiden Seiten mit alten Bäumen bewachsen, die wie eine Allee wirkten. Hinter den Bäumen zur Häuserseite verliefen Abflussgräben für Regenwasser, welche nur an den Einfahrten zu den Grundstücken verrohrt waren.
Für uns Kinder ein Paradies, gab es doch keinen besseren Spielplatz. Der Verkehr beschränkte sich überwiegend auf Pferdefuhrwerke. Wenn die Schulaufgaben gemacht waren, ging es nach draußen, wo im Sommer bis in den Abend herumgetobt wurde. Wir wurden nur vom Abendbrotessen unterbrochen, welches bei uns ja fester Bestandteil des täglichen Ablaufs war.
In fast jedem Nachbarhaus waren Kinder, so dass an Spielkameraden kein Mangel herrschte!

Ich ging immer raus und stellte mich an den dicken Baum an unserer Einfahrt zum Grundstück, meistens mit einem Bein nach hinten, halbhoch, dagegen gelehnt bzw. abgestützt. Nach und nach kamen dann alle Spielkameraden nach draußen: Heinzi Göttsche, Carl Johann Hansen, Heini Schildhauer, Ella Söth, Hildegard Kuphal mit Bruder Franz und auch Inge Friedrichs, welche Hamburgerin war und schon vorsorglich von ihrer Mutter zur Oma nach Bredstedt geschickt worden war, wo sie jetzt zur Schule ging. Auch war natürlich Bruder Uwe dabei.

Es ging in den Gräben und zwischen den Bäumen hin und her und machte einen Riesenspaß!

Die grasbewachsenen Grabenkanten boten gute Sitzgelegenheiten. Wenn langsam die Dämmerung hereinbrach, erschien unsere Mutter und rief: MOMME-UWE, kommt rein, ihr müsst ins Bett! Wir bettelten, ach, noch eine kleine Weile? Unsere Mutter rief dann ins Haus: „PAUL, kommst du mal?" und Paul kam. Es ertönte ein Pfiff und wir drückten uns in gebührendem Abstand an unserem Vater vorbei. Kamen wir zu dicht, war uns ein Klaps auf den Hinterkopf sicher.
Bei starkem Regen waren die Gräben schon mal randvoll und auch dann zum Spielen bestens geeignet.
Die Husumerstraße war die direkte Einfahrt nach Bredstedt, von Husum über Hattstedt-Strukum-Breklum kommend, war sie praktisch die Grenze zwischen Geest und Marsch. Denn schon mehrere hundert Meter hinter der Häuserreihe fiel das Gelände ab zum Bredstedter Koog.
Wir hatten freie Sicht zu den Köögen und der Nordsee. Uwe und ich schliefen im Obergeschoss im Zimmer nach Westen und konnten am Abend bei auflaufendem Wasser im letzten Sonnenlicht das Meer blinken sehen! Es war Idylle pur! Mein Bett stand quer vorm Fenster. Dort konnte ich über die Felder schauen und „Karl May" lesen, bis kein Buchstabe mehr zu erkennen war.

Die Fennen der Marsch waren von Gräben umrandet. Hier lag unser Winterparadies. Waren die Gräben zugefroren, konnten wir auf dem Eis von einem Koog in den anderen laufen. Die Gräben führten das ganze Jahr über Wasser, einmal bedingt durch einen hohen Grundwasserspiegel und natürlich durch Regenwasser. Auch ist zu erwähnen, dass die Wassergrenze der Nordsee vor langer Zeit bis an Bredstedt heran reichte. Die Gefahren für uns Kinder waren gering, da ein Versinken bei Brechen des Eises nicht zu befürchten war. Nasse Füße und

Beine gab es aber schon mal. Das sogenannte BRUMM-EIS, helles morsches Eis, in dem Sauerstoff eingeschlossen war, brach sehr leicht.
Ideal zum Schlittschuh laufen war es, wenn nach langer Regenzeit die Fennen unter Wasser standen und dann der Frost einsetzte. Dann stand uns eine riesengroße Eisfläche zur Verfügung.
Aber auch als Mittelpunkt in Bredstedt war unser Mühlenteich zum Schlittschuhlaufen unübertroffen! Nur lauerten hier schon mal Gefahren, weil der Bierverlag Johannes Kirchhoff seinen Eisvorrat zum Kühlen im Sommer hier decken musste und große quadratische Löcher in die Eisdecke geschnitten wurden.
Nach alter Tradition wird in Bredstedt seit 1878 jedes Jahr vor Beginn der Ferienzeit ein großes Kinderfest gefeiert, welches mittlerweile zu einem großen Heimatfest mutiert ist. Es beginnt am Freitag und endet am Sonntagabend. Jeder in der Fremde befindliche Butenbredstedter bekommt an diesen Tagen Heimweh und versucht, dabei zu sein. Ausgerichtet wird das Fest vom Bredstedter Handwerkerverein von 1859 e.V. und der Lehrerschaft der Volks- und Mittelschule. Für alle Klassen und Altersstufen finden unterschiedliche Wettkämpfe statt. Für die Jüngsten gab es das Ringestechen. Mit einer kleinen Lanze musste beim Anrennen ein kleiner Metallring getroffen und aus der Halterung gezogen werden.

Im Juni 1938 war mein Bruder Uwe im ersten Schuljahr und ich im dritten. Ich wurde in meiner Klasse König. Im Vorgarten wurden wir von „stolzen Eltern" fotografiert.

Die Älteren schossen ihre Könige aus mit der Armbrust und in späteren Jahren mit dem Luftgewehr. Hier wurden dann aus den oberen Klassen der Volks- und Mittelschule ein Mädchen und ein Junge zu diesjährigen Königspaaren proklamiert. Am Sonntagmittag begann der große Festumzug vom Rathaus aus. Hier wurden dann auch die Königspaare abgeholt. Alle Kinder sind festlich gekleidet und gehen unter selbstgebastelten Girlanden. Ganz Bredstedt hat sein Festtagskleid angelegt! Der Umzug wird angeführt vom „Schäferpaar". Es ist Tradition, dass aus mehreren Bewerbern ein Mädchen und ein Junge für dieses Jahr ausgewählt werden. Sie sind gekleidet im Stile der Rokokozeit, welche aus dem 18. Jahrhundert übernommen ist.

Im unteren Bild sieht man das Schäferpaar zum Fototermin am schönen Bredstedter Mühlenteich.

Nach Beendigung des Umzugs fand auf dem großen Bredstedter Marktplatz die Abschlusskundgebung statt, mit dem Bekenntnis zu unserer nordfriesischen Heimat und dem Singen des SCHLESWIG-HOLSTEIN-LIEDES! Danach gab es für die Erwachsenen Tanz auf allen Sälen! Die zu Besuch weilenden Butenbredstedter konnten wieder Kraft und Zuversicht tanken für ihren Aufenthalt in der Fremde.
Jetzt muss ich mit meiner Geschichte zeitlich vorauseilen. Im Jahre 1953 feierte das Kinderfest sein 75jähriges Bestehen. Alle Butenbredstedter, zu denen auch ich mittlerweile gehörte, wurden persönlich zu dem Fest eingeladen! Weil ich wegen eines Unfalls nicht teilnehmen konnte, schickte ich ein selbst verfasstes Gedicht. Bei dem abendlichen Festkommers wurde es vorgetragen!

Kein geringerer als Schulrektor Christian Jeß leitete die große Abschlussveranstaltung im Saal des städtischen Gartens, genannt „de Beergoorn" von Gastwirt Boy Berendsen im Jubiläumsjahr 1953 und trug mein Gedicht vor:

*In stillen Stunden denke ich
wohl an mein Heimatland im Norden,
dann kommt das Sehnen über mich,
Schönres ist mir nicht geworden.*

*Ich denk dann an das flache Land,
an Kornfelder und grüne Weiden,
am liebsten an den Nordseestrand,
wovon am schwersten ich konnt scheiden.*

*Ich liebte es am Deich zu sitzen,
dem Spiel der Wellen zuzuschaun,
ergötzend mich am lust´gen Spritzen,
als wäre es ein wahrer Traum.*

*Den Schrei der Möwen hört ich gern,
den Ruf der Wildgans auch,
nun bin ich von der Heimat fern
und lerne fremder Leute Brauch.*

*Doch jetzt ist die Zeit gekommen,
das Heimweh, ich ertrags nicht mehr,
das, was ich mir einst hab selbst genommen,
macht mein Herz ganz öd und leer.*

*Endlich Freude, die Qual vorbei,
mein Blick umfasst das Vaterhaus.
Jetzt bleib ich Dir, Dir meiner Heimat treu,
geh nicht mehr in die Welt hinaus.*

Mittlerweile veränderte sich die Welt in Deutschland. Die Nationalsozialisten beherrschten das Geschehen. Wir Kinder aber waren in diese Welt hineingeboren worden, wir kannten es nicht anders. Jetzt zwischen 1938 und 1940 genossen wir es, bei den großen Umzügen und Aufmärschen der SA neben der Musikkapelle herzulaufen und das „Dschingdarassabum" auf uns wirken zu lassen.
Unser Vater war Mitglied in der NSDAP, schon alleine wegen seines Geschäftes.
An unserem Haus war das Reklameschild „Körting" Radio und im Waschküchenanbau eine kleine Reparaturwerkstatt. Unter dem Namen „PAUL-RADIO" war der Bekanntheitsgrad hoch!
Es kam vor, dass mein Vater schon mal mit dem Zug nach Hamburg fuhr, um an Ort und Stelle bei seinem Großhändler einzukaufen oder etwas zu klären.
Bei der Firma Mix und Genest gab es alles für Radiohändler und Elektriker.
Als Neunjähriger durfte ich mit in die große Stadt Hamburg. Auch auf den Hamburger Dom. Das war für mich ein großes Abenteuer!

Im großen Gebäude von Mix und Genest fuhren Paternoster durch die einzelnen Etagen. Vor einem postierte mich mein Vater und prägte mir ein, hier so lange zu warten, bis er wiederkäme. Er stieg ein und fuhr nach oben. Als weitere Menschen einstiegen habe ich es auch versucht und wagte nicht mehr auszusteigen. So fuhr ich immer mit, von oben nach unten und wieder rauf, bis mich mein Vater, der mich voller Angst suchte, fand und herauszog!

Zusätzlich stellte mein Vater einen Antrag auf Genehmigung zur Betreibung eines Mietwagenverkehrs!

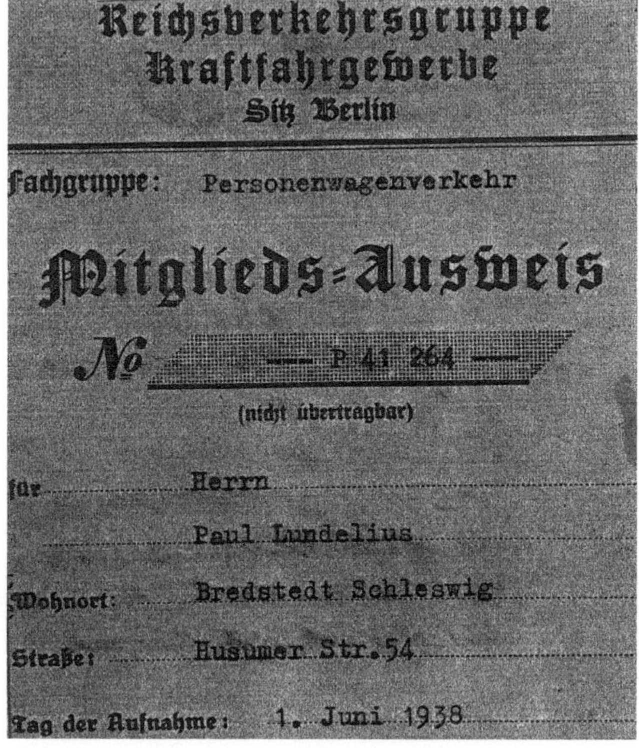

Begrenzt bis zum 01.06.1943 erteilte der Landrat des Kreises Husum dies, mit der Maßgabe, dass er in der Provinz Schleswig-Holstein Personen befördern dürfe.

Ein PKW OPEL P 4 war schon sein Eigentum. In Gaststätten in Bredstedt und Umgebung lag die Telefonnummer des Mietwagenunternehmens Paul LUNDELIUS aus! Wirtschaften gab es genug und so florierte das Geschäft. Mit uns Brüdern, Uwe und mir, gab es jetzt ein Problem.

Je nach Anzahl der Fahrgäste durften wir abwechselnd mit. Wir fuhren beide gern Auto und so blieb meistens einer immer „heulend" zurück! Im Dreieck Risum-Maasbüll-Deezbüll hatte unser Vater viele Kunden. In einem Winter durfte ich mal mit und weil der Opel keine Heizung hatte, wurde ich dick eingepackt. Über Bordelum-Waygaard, am Bottschlottersee vorbei, ging es nach Maasbüll. Hier in Paulsens Gasthof war die Gaststube durch den Kachelofen schon mollig warm! Schon hier traf mein Vater Bekannte und ließ sich den Grog schmecken, während ich mir im Kaufmannsladen nebenan eine Tafel Schokolade holen durfte.

Es stand mal eine Fahrt zur Hamburger Hallig an. Hier durften wir beide mit. Wir mussten im Auto bleiben, denn es sollte sofort wieder zum Festland zurückgehen, weil es regnerisch war und bei Regen der 4,5 km lange Damm nicht befahrbar war. Das langgestreckte Hallighaus hatte an der rechten Seite den Schafstall und von dort ging es nach links in den Kuhstall. Aus Neugier stiegen wir aus und gingen in das große Tor des Schafstalls und haben von dort neugierig in den Kuhstall gelugt! Kläffend sprang ein großer Hund auf uns zu, aber ich konnte noch gerade eben die Stalltür zuschlagen!! Nun aber schnell zurück ins Auto und in Sicherheit gebracht.

Durch damals noch enge familiäre Bindungen, vor allem zwischen meiner Mutter und Ihrer ZIEH-SCHWESTER Anne, fuhren wir oft mit dem Auto zum Kleiseerkoog. Waren doch ihre beiden Kinder Mariechen und Momme J. Nommensen uns altersmäßig am nächsten. Mariechen nur zwei und Momme vier Jahre älter als ich. Ihr Vater Ingwer war auf der Heimfahrt von einer Gemeinderatssitzung in Maasbüll mit dem Einspänner in einen vollen Wassergraben geraten und ertrunken! So wurde ihre Mutter Witwe und der sehr große Bauernhof von ihrem Stiefsohn Heinrich übernommen. Ihr Mann Ingwer war Witwer, als sie heirateten.

Als die ersten Kinder der zwei anderen Schwestern meiner Mutter geboren wurden, war meine Mutter erst 6 bzw. 8 Jahre alt. Eine junge Tante also! Hierin lag für uns anderen der auf Seite 6 beschriebene Vorteil, denn wir Kinder aus Bredstedt waren immer herzlich willkommen, waren doch unsere Vettern und Cousinen, soviel älter als wir, schon aus dem Haus und z T. verheiratet.

Bevor mein Vater den Personenwagen hatte, sind wir zu Familienfeiern mit der „REICHSBAHN" gefahren. Für uns Kinder, Anne-Lise, Uwe und mich immer ein doppeltes Erlebnis. Zuerst von Bredstedt über Langenhorn-Stedesand-Lindholm-Niebüll-Emmelsbüll-Klanxbüll mit dem Zug und dann wurden wir am Bahnhof mit der Kutsche abgeholt! Und zwar mit dem Jumber, ein viereckiger, zweirädriger Wagen, welcher kein Dach besaß und in den man von hinten einstieg. Gezogen wurde er von dem alten Wallach „Franz", der uns in ruhiger Fahrt zu Mutters Schwester „Jette" nach Horsbüll zog.

Dasselbe haben wir auch in Niebüll genießen dürfen, wenn wir bei Mutters Bruder in Deezbüll eingeladen waren und Onkel Ingwer uns am Bahnhof mit der „Kutsche" abgeholt hat. Hier hätte ein Fußweg von Niebüll nach

Deezbüll gut und gerne eine Stunde gedauert.

Ein Umsteigen in Niebüll in die Kleinbahn nach Dagebüll wäre möglich gewesen, denn Deezbüll hatte eine Haltestelle, aber der Zug fuhr meistens nur einmal am Tag, je nachdem wie die Wasserverhältnisse in Dagebüll waren und wie der Anschluss der Fähre zur Insel Föhr war! Der Schienenstrang ging direkt am HOF vorbei. An der Unterseite des Bildes verlief er! Davor musste angehalten werden. Das große weiße Doppeltor wurde geöffnet und erst dann überquerte man die Gleise und fuhr zum Hof!

Die Besuche bei unseren bäuerlichen Verwandten im „NORDEN" waren für uns Kinder immer Erlebnisse besonderer Art!
Während die Besuche in Husum bei Vaters Eltern eher selten waren.
Es spielte wohl auch eine Rolle, dass unser Großvater Mathias Lundelius schon 1935 mit 65 Jahren seinen gut gehenden TWIETENKROG in Husum aufgab. So konnten Uwe und ich denselben nur noch als Kleinkinder kennen lernen. Während unsere Schwester Anne-Lise als erstes Enkelkind hier noch sehr verwöhnt wurde.

Mit Großmutter Anne Christine, geb. Thiessen, zusammen erwarb man ein stattliches Haus in der Langenharmstraße. Danach war unser Opa Mathias noch viele Jahre als Pförtner im Husumer Museum „Nissenhaus" tätig.
Er beendete sein erfolgreiches Leben am 27.12.1963 mit 91 Jahren.
Als heranwachsender Junge verbrachte ich meine Sommerferien immer wieder auf irgendeinem Bauernhof. Mal ging's nach Deezbüll, mal zum Kleiseerkoog, aber meistens und am liebsten zu Tante Jette und Onkel Karl Thor Straten in Horsbüll-Wange. Alle Höfe lagen weit verstreut und voneinander entfernt auf Warften.
Mittlerweile hatte am 40. Geburtstag meines Vaters, am 1. September 1939, der Weltkrieg begonnen. Unser Vater wurde nicht gleich eingezogen und mein Lieblingsvetter in Horsbüll, Andreas, auch nicht. Andreas war der Hof-Erbe und zwei seiner 4 Brüder schon Soldat. So wurde er am Anfang noch zurückgestellt. Aber Ende 1941 wurde er doch eingezogen, kam an die Ostfront und wurde nach der Niederlage von Stalingrad Ende 1942, Anfang 1943 dort vermisst!
Aber 1940 und 1941 in den Sommerferien konnte ich auf dem Friesenhof in Horsbüll-Wange die Zeit mit Andreas, Onkel Karl und Tante Margarethe (Jette) noch ausgiebig genießen.
Für mich war es das Schönste als 10- und 11jähriger auf dem Pferdewagen mitzufahren und ab und zu auch mal die Pferde „lenken" zu dürfen! Oder bei der Getreideernte, wenn das Korn mit dem Selbstbinder gemäht wurde, auf dem mittleren Pferd zu sitzen, denn hier mussten drei Pferde eingespannt werden. Den Selbstbinder, der die Getreidebündel schon selbst mit einem dünnen Tau umwickelte und auswarf, besaß Andreas mit dem Nachbarsbauern Thomas Jessen zusammen.

Die schwierigste Arbeit begann aber schon einige Tage vorher. Um überhaupt mit dem großen Selbstbinder das Getreide auf der Fenne abmähen zu können, musste mit Sense und auch Sichel mühselig von Hand um den gesamten SCHLAG eine Spur geschnitten werden! Die abgemähten Halme wurden gleich zusammengerafft und mit einigen zum Band gedrehten Halmen umwickelt und „spezialverknotet".
Erst dann konnte der Selbstbinder, von außen nach innen im Kreis fahrend, das Getreide abmähen.
Je nach Größe der Fenne dauerte die Arbeit mehrere Tage. Dann mussten die liegenden Bündel aufgenommen und zu Hocken zusammengestellt werden, um zu trocknen! Danach wurde das Korn eingefahren und bis zum Dreschen in der Scheune gelagert.
Ich war ein Junge, der (fast) alles glaubte, was man ihm erzählte! Onkel Karl (er hatte immer einen Schalk im Nacken) er-zählte, wenn man einen Hasen greifen könne, müsse man ihm Salz auf die Blume (Schwanz) streuen, dann könne er nicht mehr weglaufen?!
Mein Onkel wusste, dass einem Hasen mit der Mähmaschine ein Lauf abgetrennt worden war und dieser Hase irgendwo, mittlerweile wieder gesund, in einem Grüppel (kleine Entwässerungsrinne) in seiner Sasse sitzen müsse!
Als wir wieder eine Fuhre Getreide holten, ließ Onkel Karl mich und den Nachbarsjunge Peter, älter als ich, absteigen. Er wies in eine Richtung und sagte: „Da liegt er bestimmt!" Von Tante Jette hatte ich eine kleine Tüte mit Salz mitbekommen. Wir gingen also in die gezeigte Richtung. Ich vorneweg mit der „TÜTE SALZ" und Peter hinter mir her. Es ist wahr, der Hase saß tatsächlich in dem Grüppel, den uns Onkel Karl gewiesen hatte. Ich hatte ihn sogar übersehen und merkte es erst, als Peter sich

auf den Hasen warf. Er hielt ihn fest und ich versuchte verzweifelt seine Blume zu greifen, um Salz darauf zu streuen! Aber der Hase strampelte und klagte derart und kratzte den Peter, dass dieser ihn zu guter Letzt loslassen musste. Der nahm aber seine „Drei Beine" in die Hand und verschwand – ohne Salz!

Die Krönung für mich aber war es, mit Andreas auf Wildentenjagd zu gehen, denn Andreas war Jäger. Die Stockenten waren schon ab Juni bejagbar. Von der neben der Stalltür stehenden Bank, auf der wir abends öfter saßen, konnten wir die in den Gräben einfallenden Enten ausmachen.

Der Deutsch Kurzhaar „Juno", auf dem Bild mit mir und Enkelin Thea, bekam es schon mit, wenn Andreas die Schrotflinte vom Haken im Stall nahm und ich den Klootstock von der Wand. Ohne den kamen wir nicht über die Gräben, wovor ich leider immer große Angst hatte. Andreas erlegte im Laufe der Jagdzeit viele Enten. Nur ein Teil konnte selbst verbraucht werden. Die Überzähligen wurden vom Kaufmann in Klanxbüll abgenommen oder gegen Patronen umgetauscht.

Glücklich war ich auch, wenn ich morgens in der Früh um Fünf geweckt wurde, um dabei zu helfen die 12 Kühe im Dämmerlicht mit den Rufen: Kaam Kusch-Kaam Kusch von der Weide ans Haus zu holen. War die letzte Kuh gemolken, waren 3 bis 4 Milchkannen mit 20 Litern voll und mussten dann mit dem kleinen Eisenkarren, auf dem 4 Kannen stehen konnten, die ca. 300 Meter an die Hauptstraße geschoben werden. Hier auf dieser Grand Chaussee kam von Horsbüll her der von Pferden gezogene Milchwagen und brachte die Milch der Bauern zur Meierei nach Klanxbüll. Manchmal brachten SIE es nicht übers Herz, mich so früh zu wecken und ich wurde erst durch das Klappern der Milchkannen wach und war dann hinterher immer „beleidigt"!
1943 verlebte ich meine letzten Sommerferien auf „Horsbüll-Wange". Andreas war vermisst und sein jüngerer Bruder Ludwig, welcher auch in der Landwirtschaft gelernt hatte, verrichtete die Arbeiten auf dem Hof mit „Onkel Karl".

1940 war es soweit, ich kam ins „JUNGVOLK". Unser Fähnlein 8/423 Nordmark musste jeden Samstagnachmittag auf dem Bredstedter Marktplatz antreten. Es war ein „Muss"!
Denn wenn ein Junge nicht zum Dienst erschien, weil evtl. die Eltern ihn nicht ließen, marschierte das ganze Fähnlein vor dessen Haus und der Fähnleinführer ging hinein und bat bei den Eltern den Jungen heraus!
Ein Fähnlein bestand aus mehreren Zügen, je nach Anzahl und Alter der Jungen. Am Anfang marschierte der Fanfarenzug. Dann kam der Zug mit den 11- bis 13jährigen und zum Schluss der Zug der 10jährigen Pimpfe.

Die Führungshierachie begann von oben mit dem Fähnleinführer – dann der Jungzugführer – dann der Jungenschaftsführer! Die niedrigeren Ränge waren der Hordenführer und der Oberhordenführer!

Oben: 3 PIMPFE!
Hans Christiansen, August Claußen, Momme Lundelius

Vom Marktplatz aus ging es meistens zum Sportplatz, um dort zu exerzieren! Sofort wurde ein Lied angestimmt: 3 – 4 Schwarzbraun ist die Haselnuss usw.!
rührt euch–stillgestanden–richt euch–Augen rechts– und Meldung! Oder es ging ins Gelände zum Kriegsspielen!
Mittlerweile war ich im Fanfarenzug aufgenommen worden. Bei einer Prüfung war ich dafür geeignet und es machte auch sehr viel Spaß. Wir mussten aber zusätzlich zum normalen Dienstbetrieb üben, und zwar immer mittwochs, meistens im Keller der Mittelschule. Die Qualität musste ja stimmen und auch die Ausdauer, denn beim Marschieren und bei Auftritten auf Veranstaltungen aller Art, auch der NSDAP, war der „Gleichklang" sehr wichtig!

Mit unserem Fanfarenzug machten wir auch Ausflüge, so z. B. 1942 zu Pfingsten mit Fahrrädern zum Gut Fresenhagen bei Leck. Das lag von Bredstedt ca. 20 km entfernt. Wir schliefen auf dem Heuboden und wurden morgens immer sehr früh geweckt, denn das Gut hatte schon eine elektrische Melkanlage und die war gut zu hören!
Nach dem Aufstehen wurde vor dem Stallgebäude angetreten und wie gehabt: rührt euch – stillgestanden – richt euch – durchzählen! Ich stehe an viertletzter Stelle. Der Größte von uns Knirpsen war Peter Petersen, der 3. Von vorn; befehligt wurden wir von Otto Lampe und Gilde.

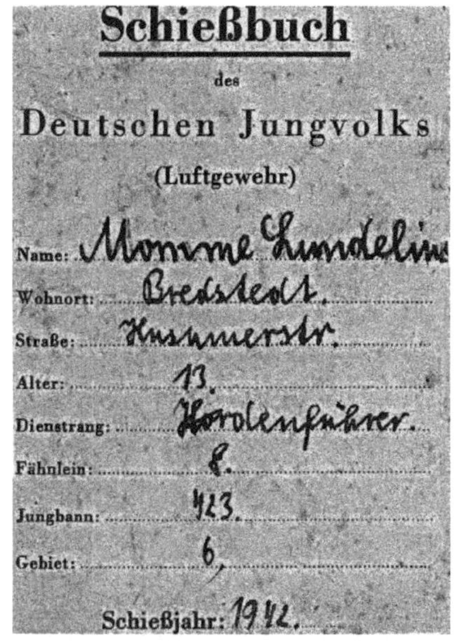

Einen Orden an der Jacke oder dem Hemd zu haben, reizte mich schon und so bemühte ich mich, die Bedingungen für das Schießabzeichen zu erfüllen!
Alle Schießprüfungen von der Anfängerklasse bis zur Sonderklasse schaffte ich und war darauf sehr stolz!
Im Inneren des Schießbuchs wurden die Ergebnisse immer von unserem Schießleiter Karl Heinz (Nicker) Nickelsen eingetragen und bestätigt. Die Verleihung geschah durch den Fähnleinführer Peters.

Der Krieg war von Bredstedt weit entfernt und das Leben hier als normal zu bezeichnen, wären da nicht die Familien, die vom „Oberkommando" der Wehrmacht die Nachricht erhielten, dass ihr Sohn-Bruder-Vater usw. den Heldentod für das „Vaterland" gestorben sei!
Wie z. B. der Sohn unserer schräg gegenüber wohnenden Nachbarn von Fehrn. Ernst von Fehrn fiel 1942. Er war 1922 geboren worden und zwei Jahre älter als meine

Schwester Anne-Lise. Die beiden „gingen zusammen!"
Was war das für uns Jüngeren immer ein Erlebnis, wenn
wir abends auf der Rasenfläche vor deren Haus
zusammen saßen und Ernst im HANDSTAND viele Meter
laufen konnte!
Wir Kinder wurden immer mehr zu Ernteeinsätzen heran-
gezogen, um die Lücken der Männer zu schließen, die an
der Front waren. Wir wurden dann immer von den Bauern an der Schule mit Pferd und Wagen abgeholt und am
Nachmittag zurück gebracht. Im Frühjahr ging es zum
Kohlpflanzen in den (meistens) Sönke Nissenkoog. Eine
schlimme Arbeit!
Im Sommer wurden wir auch bei der Flachsernte zum
„Flachs ziehen" eingesetzt und im Herbst ging es, auch
im Koog, zum Erbsen pflücken und auf die Geest zum
Kartoffel sammeln! Das Gute daran: Es gab immer reichlich und gut zu Essen und zu Trinken, was bei der immer
schwieriger werdenden Ernährungslage sehr wichtig war!
Aber trotz dieser nicht kindgerechten Tätigkeiten und
dem Dienst im Jungvolk kam das Spielen in der Natur
nicht zu kurz! Wir bauten Höhlen und spielten Trapper
und Indianer. Unsere Vorbilder fanden wir in Wild-West-
Filmen, wie die „Schlacht am blauen Berge" oder
Fechtfilmen wie „Trenk der Pandur", zu sehen in der Kin-
dervorstellung für 30 Pfennige Eintritt am Sonntagnach-
mittag in Johns Lichtspieltheater in der Bahnhofstraße.
Auch Szenen aus den Wochenschauen von den Kampf-
einsätzen deutscher Soldaten (wurde vor den Spielfilmen
gezeigt) spielten wir nach!
Unser Vater wurde 1942 eingezogen und kam auf einen
Flugplatz in Dänemark zum Bodenpersonal. Das war
günstig, denn manchmal konnte er es einrichten, von da
kurz nach Hause zu kommen und uns einige Lebensmittel zu bringen.

Meine Schwester Anne-Lise hatte mittlerweile eine kaufmännische Lehre bei der Holzhandlung Kristophersen in Stolk bei Schleswig beendet.

Da sie Mitglied in dem B D M (Bund Deutscher Mädchen) war, bekam sie die Chance, auf der Bann-Gebietsführung in Malente-Gremsmühlen im Büro anzufangen.

Aber zu den Weihnachtsfesten waren wir, Gott sei Dank, immer noch wieder vereint, was nicht in jeder Familie möglich war! Unsere Eltern waren immer bemüht und schafften es auch, uns zu Weihnachten, trotz der schweren Zeit, ansehnlich zu beschenken.

Mir zum Beispiel 1941 ein Luftgewehr Marke Diana, was ich mir so sehnlichst gewünscht hatte! Es war so gut versteckt, dass ich es nicht gleich fand.

Meine Augen füllten sich schon mit Tränen! Nach der Aufforderung meiner Eltern, doch weiter zu suchen, fand ich das Gewehr gut versteckt und tanzte vor Freude jubelnd damit um den Tisch herum.

Erst jetzt würde ich ein richtiger Trapper sein, denn meine Mutter hatte mir schon nach Bitten und Betteln aus einem alten Kartoffelsack aus Jute eine Trapperhose mit langen Fransen an den Bein-Außenseiten genäht!

Die Bescherung fand bei uns immer nach dem Essen statt. Erst wenn der Tisch abgedeckt und das Geschirr gespült und eingeräumt war, warteten wir Kinder in der Küche aufgeregt auf das Klingelzeichen des Weihnachtsmanns, zu dem unsere Mutter hineingegangen war, um zu helfen.

In einer Reihe stellten wir uns auf:

zuerst der Jüngste, unser Holger, dann Ingrid, dann Uwe, dann ich und als letzte Anne-Lise (1941 schon 17 Jahre alt). So ging es hinein in die Stube. Die Lichter des Weihnachtsbaums, welcher vom Fußboden bis zur Decke reichte, strahlten uns an!

Zu Heiligabend gab es bei uns meistens eine Gans. Zu Silvester wurde bei uns auch abends das Mittagessen eingenommen, es gab oft einen Hasen.
Die Woche zwischen „den Tagen" war für uns Kinder immer sehr aufregend! Vor allem die Fragen zwischen uns Kindern: Watt hess du kräägen? und dann das gegenseitige Bestaunen der Geschenke.
Und dann die Vorfreude auf das in Bredstedt traditionell stattfindende RUMMELPOTT-LAUFEN!
Es musste eine frische Schweinsblase vom Schlachter Lorenzen (Hansi Schlachter) besorgt werden. Durch die Blasenhaut wurde ein Reethalm gedrückt, die Ränder des Lochs nach unten gezogen und um den Halm fest verknotet. Über die Öffnung einer leeren Konservendose gespannt musste der Rummelpott erst mal trocknen!
Mit zwei Fingern am Reethalm reibend wurde ein dumpfer Brummton erzeugt.
Am frühen Nachmittag des Silvestertags ging es los. Verkleidet liefen wir von Haus zu Haus und sangen unser Lied:

FRUU MAAK DE DÖÖR OP – DE RUMMELPOTT WILL RIN – DOOR KUMMT EEN SCHIPP VUN HOLLAND- DATT HETT EEN STIEWEN WIND-SCHIPPER LAAT UUS REISEN-SCHIPPER LAAT UUS PREISSEN-SETT DENN SÄÄGEL OP DE TOPP UNN GIFF UUS WATT IN DE RUMMELPOTT!

Gab es für uns nur „FUTTSCHEN" sangen wir noch eine lustige Zugabe:

Kriig wi een, bliiv wi staan, kriig wi twee wööt wi gaan, kriig wi dree, wüünsch wi glück, datt de mudder midd de futtschen ut denn schosssteen flüücht!

Unsere Beutel waren mit besagten Futtschen und Süßigkeiten immer gut gefüllt, aber „Bares" gab es auch schon mal.
Geteilt haben Momme, Uwe, Heinzi und Karl Johann.

Der Ablauf dieser Feiertage war für unsere Mutter natürlich „Stress" pur und bestand aus sehr viel Arbeit. Ob sie wohl glücklich war? Als Kind hat man sich darüber keine Gedanken gemacht, aber viele Jahre später in der Erinnerung kam manchmal das schlechte Gewissen und die Frage: „Hast du auch genug geholfen?"
Alles musste auf dem nicht mehr ganz „jungen" mit Holz und Briketts befeuerten Küchenherd hergestellt werden! Vom heißen Wasser zum Spülen bis zum fertigen Essen. Gleichzeitig sorgte der Herd in der Küche auch für wohlige Wärme, wofür in der Wohnstube der kleine Kachelofen beheizt werden musste.
Wenn wir Kinder morgens von unserer Mutter geweckt wurden, um in die Schule zu gehen und herunter in die Küche kamen, war dieselbe bereits mollig warm und die Butterbrote fertig belegt und eingepackt.

Es mehrten sich die Einflüge alliierter Bomberverbände nach Deutschland. Von Nordwesten einfliegend wurde Schleswig-Holstein überquert. Im März 1942 wurde schon als erste deutsche Großstadt Lübeck schwer bombardiert. Viele Menschen mussten ihr Leben lassen und die Zerstörungen waren enorm!
Permanent wurden jetzt flächendeckend Großstädte in ganz Deutschland angegriffen. Am Anfang wurde versucht, nur die Kriegsindustrie zu treffen, aber bald folgte auch die Zivilbevölkerung!
Diese Art der Kriegsführung aus der Luft setzte vermehrt ein, nachdem Luftmarschall Arthur Harris das Ober-

kommando übernommen hatte.

Die Strategie war, dass große Bomberverbände in „Wellen" die Städte angriffen und ihre BOMBENTEPPICHE auf bestimmte Gebiete abwarfen. Die Verluste aber an den fliegenden Festungen waren am Anfang sehr groß, zum einen durch die Bodenabwehr mit Flugabwehrkanonen, aber vor allem durch die schnellen deutschen JÄGER ME 109 und FCKE WULF 190.

Die Verbände flogen in 10.000 Meter Höhe ein und zogen lange weiße Kondensstreifen hinter sich her. Auf der Erde war tatsächlich ein leichtes BRUMMEN zu hören! Aber in unserer Region wurden gezielt noch keine Bomben abgeworfen.

Lange silbrige Staniolstreifen wurden von den Flugzeugen abgeworfen, um die Flugabwehr zu irritieren! Und jede Menge mit PHOSPHOR gefüllte Brandbomben kamen runter.

Um diese Brandbomben bekämpfen zu können, wurde die Bevölkerung in Kursen geschult!

Aber es gab jetzt auch immer öfter in Bredstedt Fliegeralarm. Dann wurden wir Kinder immer sofort von der Schule nach Hause geschickt.

Wir konnten vielfach Luftkämpfe beobachten als deutsche Jagdflugzeuge die feindlichen Bomber angriffen.

Ab Juni 1943 kamen auf deutscher Seite schon die neu erfundenen Düsenjäger zum Einsatz, die mehr als 200 km/h schneller waren und auch wendiger als die die Bombengeschwader begleitenden, englischen „SPITFIRE".

Mehrmals konnten wir Abstürze von Bombern beobachten. Zu diesen Absturzstellen, ich habe zwei in Erinnerung, versuchten immer viele Leute zu gelangen. Die Absturzstellen wurden aber immer sofort von der Polizei großräumig abgesperrt.

Es lagen aber viele Teile der Maschinen kilometerweit
verstreut umher und jeder suchte nach brauchbaren Din-
gen. An den Absturz eines Bombers in den Garten eines
Bauernhauses kann ich mich sehr gut erinnern, konnte
man doch im Cockpit zwei tote Flieger sitzen sehen!
Diese Riesenflugzeuge vom Typ Boeing oder Lancaster
hatten acht Mann Besatzung.
Mehrere Tage lang flogen im Juli 1943 diese Bomber Angriffe in vielen Wellen auf Hamburg und zerstörten die
Stadt fast vollkommen. Unter den 40000 Toten waren
5500 Kinder!
In unserem Elternschlafzimmer in Bredstedt wurde Frau
Völker aus Hamburg mit ihren beiden süßen Mädchen
Inge und Karin einquartiert. Um Heizen und Kochen zu
können, wurde ihr an den vorhandenen Schornstein eine
aus der Not geborene Brennhexe aufgestellt.

Es war an der Zeit, darüber nachzudenken, was ich einmal werden wolle. Als Zehnjähriger hatte ich leider keine
Meinung, in die neben der Volksschule stehende Mittelschule zu wechseln. Aber auch meine Eltern haben mir
dazu nicht weiter geraten. Leider! Im Grunde wollte ich
es auch nicht, denn ich wollte lieber in der Volksschule
bei meinem Freund Hans Tralau bleiben. Auch Hans
wechselte nicht, obgleich sein Vater in der Mittelschule
Hausmeister war! Wir hätten es beide geschafft!
Von der Berufsberatung wurden Hans und ich auf den
Beruf des Flugzeugbauers hingewiesen!
Wir waren Feuer und Flamme. Mit der Lehre bei Focke-
Wulf in Bremen lief parallel eine vormilitärische Ausbildung. Um dafür im nächsten Jahr in der fliegertechnischen Vorschule aufgenommen zu werden, mussten wir
nach Flensburg, um dort eine Tauglichkeitsprüfung abzu-
legen bzw. eine Aufnahmeprüfung zu absolvieren.

Das Ganze dauerte zwei Tage mit einer Übernachtung in einem Arbeitsdienstlager. Es waren mehrere Jungen aus ganz Schleswig-Holstein angereist.
Leider wurde Hans nicht angenommen, da etwas mit seinen Augen nicht in Ordnung war. Darüber war ich sehr traurig.
Das letzte Schuljahr, die achte Klasse, wurde absolviert.
Nach einem unregelmäßigen Konfirmandenunterricht bei Pastor Dunker wurden wir am 5. März 1944 konfirmiert.
Pastor Dunker war kein Bredstedter, sondern bei der Wehrmacht und zu unserem Unterricht abkommandiert.
Unser Bredstedter Pastor Lucht war an der Front.

Ich erinnere mich noch genau, wie wir Konfirmanden in der wunderschönen Bredstedter Kirche ST. NIKOLAI vor der Gemeinde und den Angehörigen eine kleine Prüfung ablegen mussten, indem der Pastor uns einige Fragen stellte.   Mein Konfirmationsspruch lautete:

*Wenn Du mein Herz tröstest, so laufe
ich den Weg Deiner Gebote. PS 119.32*

Hier endet meine Kindheit!

Auslese der Militärschüler

Mit Rücksicht auf die großen Anforderungen, die an die fliegertechnischen Soldaten in jeder Beziehung gestellt werden, können nur die allerbesten Bewerber in Frage kommen. Sie werden unter den 14- und 15jährigen Volksschülern von den Berufsberatungsstellen der Arbeitsämter, an die Bewerbungen ausschließlich zu richten sind, nach einheitlichen Gesichtspunkten vorausgelesen und müssen eine Reihe von Vorbedingungen erfüllen:

Sie müssen die deutsche Staatsangehörigkeit besitzen, arischer Abstammung und unbescholten, ferner voraussichtlich tauglich für den Dienst in der Fliegertruppe sein,

die Volksschule mit der 1. Klasse erfolgreich abgeschlossen haben,

bereit sein, eine Verpflichtung einzugehen, nach der sie unmittelbar nach ihrer Ausbildung 4½ Jahre freiwillig bei der Luftwaffe dienen, mit der Maßgabe, daß bei Eignung zum Unteroffizier die 4½jährige Verpflichtung in eine 12jährige umgewandelt wird.

Die Bewerber müssen in fachtechnischer, charakterlicher, körperlicher und geistiger Hinsicht unbedingt geeignet sein. Welche Eignungsanforderungen beispielsweise an jeden künftigen Metallflugzeugbauer gestellt werden, ist aus der nachfolgenden Übersicht zu entnehmen, wobei darauf hingewiesen werden soll, daß die Eignungsanforderungen der anderen hier in Rede stehenden Lehrberufe: Maschinenschlosser, Mechaniker und Elektromechaniker ähnliche sind.

Berufseignungsanforderungen*
für den Eintritt in den Lehrberuf
Metallflugzeugbauer

Vorbildungsmäßige Anforderungen

Notwendig: Abgeschlossene Volksschulbildung:
Gute Kenntnisse in Rechnen, Raumlehre, Zeichnen und Deutsch. (Mündliche und schriftliche Berichterstattung über technische Vorgänge, besonders im Hinblick auf spätere Verwendung für Außentätigkeit, z. B. im Ausland.)

Momme Lundelius als Militärschüler in Bremen 1944

Mein Lehrjahr bei Focke-Wulf in Bremen

Am 1. April 1944 musste ich in Bremen sein, um in Bremen-Hemelingen, Sanderstraße 8 die Lehre zum Flugzeugbauer anzutreten.
Treffpunkt der Schüler, die bei der Eignungsprüfung in Flensburg angenommen worden waren, war am 31. März 1944 der Husumer Hauptbahnhof. Zusammen mit Willy Schuhmacher aus Husum, Günter Petersen aus Wester-Ohrstedt und Karl Peter Wernicke aus Beringstedt ging es mit dem Eilzug gen Bremen.
Hätte ich nur geahnt was mich dort erwartete, wäre ich sicher in Bredstedt geblieben!
Am Hauptbahnhof wurden alle angekommenen „Neuen" von Jungen älterer Jahrgänge abgeholt. Mit der Straßenbahn Linie 3 fuhren wir zur Endstation Sanderstraße. Von hier waren es nur einige Minuten zur Kaserne der Fliegertechnischen Vorschule der Focke-Wulf Werke.

Anhand des Modells ist die Lage gut zu erkennen und einzuordnen. Im hinteren linken Gebäude waren die Militärschüler der FLTV (wie wir auch bezeichnet wurden)

untergebracht. In dem am Eingang vertikal stehendem Gebäude waren unsere Erzieher und Vorgesetzte für die vormilitärische Ausbildung untergebracht.
Mit Verbindung zum Haupthaus standen Speisesaal und Küche. Das rechts stehende Gebäude ist die Turnhalle.
Nach unserer Ankunft mussten wir Ankömmlinge mit unserem Gepäck vor dem Hauptgebäude antreten und wurden von unserem obersten Vorgesetzten Leutnant Landt begrüßt und mit den vor uns liegenden Aufgaben und Anforderungen in der Vorschule und bei Focke-Wulf vertraut gemacht.
Vorgestellt wurden uns dann unsere Ausbilder: Oberfeldwebel Elgeti, Feldwebel Ewald, Feldwebel Flechsig sowie Unteroffizier Möller. Die Genannten waren Angehörige der deutschen Wehrmacht.
Es folgte die Einteilung auf die Stuben. Auf der Fahrt hierher hatten wir Holsteiner uns schon angefreundet, wir waren die Einzigen aus dem Norden. So war es für mich ein Schock, dass ich von den Dreien getrennt wurde! Ich kam auf ein Vierbettzimmer mit zwei Mecklenburgern und einem Westfalen. Die anderen drei kamen mit fünf weiteren auf ein Achtbettzimmer. Durch diese Konstellation bekam ich schon starkes Heimweh! Und mir war zum Heulen! Jetzt begann die Einkleidung. Dafür mussten wir vor der Kleiderkammer antreten und einzeln unsere Bekleidung in Empfang nehmen, die vor uns auf den Tresen gestapelt wurde. Es hieß immer nur „passt"! Wir bekamen in fliegerblau, sehr schick, einen Ausgehanzug und Blouson, einen Drillichanzug mit langer und kurzer Hose, zwei Braunhemden und je zwei lange und kurze Unterhosen, zwei weiße Nachthemden, zwei Unterhemden mit langem Arm und zwei Turnhemden, eine Turnhose, Strümpfe, Taschentücher, HJ-Schlipse und Hakenkreuzarmbinde.

Hohe Schnürstiefel und Halbschuhe, sowie Ausgehhalb-
schuhe bekamen wir auch.
Wenn diese angezogen werden konnten, zusammen mit
dem Ausgehanzug, stand uns immer etwas Gutes bevor!

Es hieß jetzt, alles auf die Stuben zu bringen und in den
Spind einzuordnen. Hierzu gab es kurze Einweisungen.
Wir hatten den Drillichanzug angezogen. Alles, was nicht
ordnungsgemäß eingeordnet war, wurde auf den Boden
fallen gelassen! Dann folgte in kurzer Zeit der zweite Stubendurchgang. Danach mussten wir auf dem langen Flur
vor unseren Stuben antreten und es begann die Einteilung in zwei Gruppen bzw. Züge. Hier lief es schon mal
etwas besser für mich, denn ich kam in den Zug der anderen Schleswig-Holsteiner. Unser Zugführer hieß Werner Biese. Mit ihm hatten wir einen guten Griff getan,
denn er war sehr human und mitfühlend, was man von

dem Zugführer der zweiten Gruppe nicht sagen konnte, denn er war doch etwas härter! Er hieß Günter Holler und kam aus Wilster. Beide waren selbst 1941 als Militärschüler angefangen und nach Beendigung ihrer Lehrzeit in Cottbus nach Bremen als Ausbilder zurückgekommen. Grundsätzlich machten wir in Bremen nur ein Jahr Ausbildung und danach wurde in Cottbus die Lehre beendet, weil in Bremen nur Teile der Focke-Wulf 190 gefertigt wurden und die Fertigmontage in Cottbus erfolgte.

In der Zwischenzeit war ich nicht müde geworden, bei den Vorgesetzten um Verlegung in die Stube meiner Freunde zu bitten! Auch liefen bei mir schon mal die Tränen und endlich hatte ich Erfolg. Ein Westfale wurde gegen einen Holsteiner ausgetauscht! Ich war überglücklich und konnte das Ganze etwas positiver sehen.
Jetzt war ich zusammen mit den drei Holsteinern, mit den Berlinern Alfred Schöpke, Karl Heinz Wedde und Bernhard Schimpke und mit Hermann Nolte aus Hamm/Westfalen, welcher auch unser Stubenältester war.
Alfred Schöpke schlief im Doppelstockbett unter mir.
Der Dienstplan begleitete uns jetzt durchs Leben.
Um viertel vor Sieben marschierten wir in Marschformation in das Werk Sebaldsbrück. Hier war unsere Lehrwerkstatt. In der großen Halle stand Werkbank neben Werkbank. Jeder hatte seine Eigene und war dafür auch verantwortlich. Versehen war die Werkbank mit einem Schraubstock und einer Richtplatte, sowie einer großen Schublade. Es ging los mit „Feilen"! Wir mussten alle möglichen Metallstücke auf ein bestimmtes Maß zu feilen, um uns so Maßhaltigkeit anzueignen. Auch die Flächigkeit der Werkstücke war wichtig! Wie oft wir vom Ausbilder Herrn Schwers zurückgeschickt wurden, weil die Arbeit nicht gut genug war, konnte man nicht zählen!

Dann kamen die Kupferarbeiten dran: Streifen in S-Form schweifen, an ausgeglühten Kupferstücken Treibarbeiten ausführen. Auch Ordnung und Sauberkeit war ein wichtiger Aspekt.
Nach Beendigung dieser Grundausbildung mussten wir verschiedene Abteilungen durchlaufen.

FRÄSEREI – HOBELEI – DREHEREI

Hier war unser Meister Herr Lindloge. Von ihm bekam ich mal eine gewaltige Ohrfeige!
Jeder von uns stand an einer Drehbank, um Werkstücke auf ein bestimmtes Maß „herunterzudrehen!" Mich interessierte das Getriebe! Nach Ausschalten des Motors schob ich den oben in einem V-Nut laufenden Deckel zurück und konnte so in das in Öl laufende Getriebe hineinsehen! Das Wieder-zurück-schieben des Deckels misslang, weil er verkantete! Ich wollte mit einem Hammer nachhelfen, traf aber den auf dem Deckel sitzenden Griff, der daraufhin abbrach und in das Öl des Getriebes „PLUMPSTE"! Meine Bemühungen, den Griff zwischen den Getrieberädern wieder heraus zu angeln, klappte nicht. Das sah Herr Lindloge. Er kam zwischen den Maschinen zu mir her und sagte: „Was machst Du da?" Es sehen, begreifen und zuschlagen war Eins! Schon lag ich zwischen den Maschinen. Werksmonteure hatten lange zu tun, um den Griff wieder herauszubekommen.
Die letzte Abteilung, die wir durchliefen, war der „SEGELFLUGZEUGBAU". Auch konnten wir hier an einem FLUGSIMULATOR unsere Eignung für das Fliegen testen.
Gegenüber dem Haupteingang des Werkes gab es eine Bäckerei! Hier gab es leckere „Hefeteigschnecken" mit Rosinen drinnen! Nur ein Schüler durfte jeweils raus, um

auch für Mehrere zusammen einen „Großeinkauf" zu tätigen. Bei der Verteilung hinterher gab es meist ein großes Kuddelmuddel. Wie viel bekommst Du? Wie viel Du? usw. Der Hunger war allgegenwärtig und wenn wir in Formation zur Vorschule zurückmarschierten konnte es sein, dass noch jemand Reste der Schnecken in den Taschen hatte, so wie ich einmal, und dann während des Marschierens mal abbiss! Zugführer Holler, welcher uns zurück befehligte, bemerkte es und knallte mir von rechts durch die Reihen kommend (ich marschierte links, Außenreihe) einen heftigen Schlag an den Hinterkopf!
Nach 12 Uhr marschierten wir meist vom Werk ab, Richtung Vorschule und rückten dann immer gleich in den Speisesaal zum Mittagessen ein. Wir saßen überwiegend stubenweise an einem Tisch.
Wenn wir unser Mittagessen beendet hatten, gönnte man uns eine kurze Pause! Danach hieß es Raustreten und Antreten auf dem Hof. Entweder zum Exerzieren oder zum Sport! Aber auch eine regelmäßig stattfindende politische Schulung konnte sich anschließen!
Auch wurden immer einige Schüler zum Küchen-Dienst abkommandiert.
Um 19 Uhr hieß es Einrücken zum Abendbrotessen. Hier bekamen wir dann schon die Portionen für den nächsten Morgen: einige Scheiben Brot, etwas Butter und Marmelade. Weil wir insgesamt nicht satt wurden, wurde die Ration schon abends im Bett aufgegessen!
Im Speisesaal stand eine große Weltkarte, an welcher wir am Abend immer über den Verlauf der Deutschen Linien und Fronten aufgeklärt wurden!
Es wurden immer die Veränderungen neu eingezeichnet. Obgleich die Nachrichten immer schlechter wurden, wurde uns der Glaube an den Endsieg eingebläut!
Mein Heimweh war mittlerweile sehr schlimm und ich

schrieb stetig Briefe an meine Schwester in Malente, an meine Mutter in Bredstedt und an meinen Vater in Celle-Wietzenbruch, wohin er von Dänemark aus versetzt worden war. Ich wollte unbedingt hier alles abbrechen! Mein Vater, welcher auch in Wietzenbruch auf dem Flugplatz war, beantragte eine Dienstreise nach Bremen-Hemelingen.

Wir hatten gerade Exerzieren unter Unteroffizier Möller! Als wir in Rührt-Euch-Haltung standen, sah ich einen Soldaten auf den Platz kommen. Ich sagte zu Günter Petersen, welcher der Größe nach rechts von mir stand: „Ick gloov dor kumt min Vadder!" Es war mein Vater als Unteroffizier der Luftwaffe in Fliegeruniform! Als er Unteroffizier Möller begrüßte, bin ich einfach aus dem Glied herausgetreten, ohne eine Aufforderung dazu abzuwarten! Möller fauchte mich an und mein Vater hat ihn erst mal beruhigt. Ich wurde dann vom weiteren Dienst freigestellt. Wir hatten dann einen Termin bei unserem

Vorgesetzten, Leutnant Landt. Mein Vater redete mir gut zu, ich solle hier durchhalten und er sagte: „Die Suppe, die Du Dir eingebrockt hast, musst Du jetzt auch auslöffeln!" Einen Tag blieb mein Vater bei mir in der Kaserne, auch über Nacht. Am nächsten Tag durfte ich ihn zum Bahnhof bringen und er ließ einen „heulenden Momme" zurück.

Nachdem mein Vater wieder abgereist war, musste ich bei Unteroffizier Möller erscheinen.

Wegen meines Ungehorsams wurde ich zum Strafexerzieren verdonnert. Nach Dienstende am Abend musste ich alleine mehrere Runden um den Sportplatz drehen: mit zwei Ziegelsteinen im Tornister und aufgesetzter Gasmaske. Weil darunter die Luft knapp wurde, versuchte ich immer beim Laufen die Maske etwas nach vorne zu ziehen. Diese Schikane, die mir nun hier alleine zuteilwurde, gab es auch für den ganzen Zug, wenn alle für einen bestraft wurden, weil ein Verursacher nicht auszumachen war. Dann wurde das Ganze aber noch verschärft, indem es hieß: Im Laufschritt marsch, marschhinlegen-auf marsch-marsch usw. Die größte Schikane aber waren die immer wieder eingestreuten Liegestütze!

Eine andere Strafe war auch nicht von Pappe! Der sogenannte „Maskenball". Wenn beim Raustreten auf den Hof ein Schlendrian eingerissen war, einige also zu langsam waren, mussten wir nach dem Antreten sofort wieder auf die Stuben rennen und bekamen den Befehl, in einer bestimmten Zeit wieder hier unten anzutreten, aber jetzt in einer anderen Montur! Das ging durch vom Ausgehanzug bis zum Sportdress und die Zeiten wurden jeweils verkürzt.

Schon während des Laufens fingen wir an uns auszuziehen und in der Stube wurde alles kreuz und quer hingeworfen. Als letztes kam dann das Kleidungsstück, welches wir bei Beginn getragen hatten. Es war Chaos! Währenddessen liefen unsere Zugführer noch mit Eimern voll Wasser durch die Stuben und riefen Beeilung! Als ich mal der Letzte in unserem Zimmer war, kam Zugführer Biese herein und rief: „Was, Du bist noch da?" und schwupp hatte ich den Eimer voller Wasser über mich!

Danach bekamen wir eine knappe Zeitvorgabe bis zum nächsten Stubendurchgang, dann musste alles wieder ordnungsgemäß aufgeräumt und im Spind verstaut sein.

Nachthemd mit Koppelschloß   *Sportanzug*

Jeden Abend nach dem Zapfenstreich fand ein letzter Stubendurchgang statt. Lesen danach war verboten! Es wurde dann auch mal unters Kopfkissen geschaut und so fand man eines Abends bei mir und Alfred Schöpke Bücher, die wir schnell versteckt hatten. Wir mussten beide raus aus unseren Kojen und Liegestütze machen!
Alfred, größer als ich und mit einer dunklen Stimme, rief dann: „ICH PUMP ALLEIN AUF WEITER FLUR!" Dann antwortete ich mit heller Stimme: „NEIN NEIN MEIN SOHN, DAS DENKST DU NUR!" Dieses sorgte natürlich auch für Heiterkeit, aber härter war es, wenn auf den langen Flur rauszutreten war und wir dort robben und Liegestütze machen mussten. Ganz schikanös war es, wenn wir den Befehl erhielten, uns rückwärts die Treppenstufen „herauf zu drücken".

Mittlerweile war ich im Fanfarenzug aufgenommen worden. Ich hatte mir auch vorgenommen, ab jetzt mit den Wölfen zu heulen und keine negativen Briefe mehr nach

Hause zu schreiben, um unsere Mutter nicht zu beunruhigen. Das hatte mir auch meine „große Schwester" aus Malente per Brief angeraten.

Wir hatten jetzt auch regelmäßig Übungen mit dem Fanfarenzug und brauchten dann gottseidank am Exerzieren z. T. nicht teilnehmen.

Da ich im Gegensatz zu einigen anderen Kameraden schon eine gewisse Übung aus meiner Zeit im Fanfarenzug des Jungvolks hatte, wurde ich mit eingeteilt zum abendlichen Blasen.

Um 21.45 Uhr wurde das Signal: Fertigmachen zum Schlafengehen geblasen und um 22 Uhr folgte

ZAPFENSTREICH.

Wir standen immer vor der Büste von Adolf Hitler am Treppenaufgang zum Obergeschoss. Die angenehmen Seiten dieses Einsatzes waren natürlich, dass ich den Stubendurchgang nicht mitmachen brauchte und mich an diesen Tagen immer hinterher in Ruhe und ohne Hektik im Waschraum für die Nacht fertig machen konnte.

Eine weniger schöne Erinnerung war aber auch dabei! Im Erzieherhaus fand eine Feier mit Damen statt und alle kamen ins Haupthaus und postierten sich vor mich, um den Zapfenstreich zu hören. Leider war ich so aufgeregt, dass mein Blasen misslang! Als ich auf die Stube kam, brauchte ich für den Spott nicht zu sorgen!

Jetzt, im Juli 1944 mehrten sich in ganz Deutschland die Luftangriffe. Ab jetzt wurde es in Bremen auch immer mehr. Immer wieder wurden wir nachts aus dem Schlaf gerissen, wenn die in jedem Zimmer hängenden Lautsprecher eingeschaltet wurden und die Durchsagen kamen. Es gab sofort Voralarm und erst wenn feststand, in welche Richtung die Bomberverbände flogen, wurde Vollalarm ausgelöst. Dann wurde es aber höchste Zeit in den für uns nächststehenden Hochbunker zu gelangen. Auch die Zivilbevölkerung kam hierher. Unsere Päckchen standen immer fertig gepackt neben den Betten.
Unser Bunker wurde bei einem Angriff von einer Bombe getroffen und zwar genau auf der Kante! Der Beton war so gut, dass nur ein kleiner Ausbruch im Beton zu erkennen war.
Aber auch am Tage häuften sich die Anflüge und Angriffe auf Bremen. Bei Voralarm ging es in den Bunker auf dem Werksgelände und wir waren darüber noch nicht mal böse, konnten wir doch im Bunker den Schlaf nachholen, den wir in der Nacht nicht bekamen. Im Werk Sebaldsbrück standen zwei sogenannte Spitzbunker, im Volksmund „Zuckerhüte" genannt. Die Bunker bestanden innen nur aus Betonstufen, die sich spiralenförmig nach oben wanden, wie in einem Leuchtturm. Die Innenstufen waren mit Holz zu Bänken verkleidet. Hier erlebte ich den schwersten Angriff auf Bremen! Wir hörten von innen die an- und wieder abschwellenden Bombenteppiche, zit-

ternd auf den Stufen stehend. Die Bunker waren immer überfüllt und wir Jungs hatten meistens keinen Sitzplatz. Das Licht war mittlerweile aus und durch die in der Bunkerwand eingefügten Luftschleusen drang Brandgeruch. Ich schildere es so, wie ich es erlebt habe: Plötzlich hörten wir außen an der Bunkerwand etwas kratzen und schaben und danach eine gewaltige Explosion. Eine BOMBE hatte unseren Bunker getroffen! Er schwankte gefährlich hin und her. Das Fundament dieser Bunkertypen war beweglich konstruiert und so verankert, dass sie nicht kippen konnten. Das hat sicher unser aller Leben gerettet!

Der Bunker hatte zwei Eingänge, einen zu ebener Erde und den anderen auf halbe Höhe versetzt und über eine Treppe zu erreichen.

Nach dem Knall und vielen Angstschreien war es totenstill und wir mussten sehr lange warten, bis wir aus dem Bunker heraus konnten. Der obere Ein- bzw. Ausgang war nicht mehr da und so konnten wir nur über den unteren raus. Ein riesiger Krater klaffte an der Bunkerwand! Draußen war Chaos! Unsere Werkhalle und alles Drumherum brannte lichterloh oder war eingestürzt.

Danach gingen wir nicht in Marschformation zur Vorschule zurück, sondern in losen Gruppen und dieses durch zerstörte Straßen, über zerstörte Bahngleise und vorbei an eingestürzten brennenden Häusern!

Auf unser Vorschulgelände ist bis dato nur eine Bombe gefallen und sie traf die Ecke des Erzieherhauses. In unserer Nähe gab es mehrere Unterkünfte für sogenannte Fremdarbeiter verschiedener Nationalitäten, welche auch in den Focke-Wulf-Werken zwangsarbeiteten. Hier sollen des Nachts öfters Lichtzeichen gesehen worden sein!

In der nächsten Zeit wurden wir Militärschüler verstärkt

bei der Versorgung der Bevölkerung mit Lebensmitteln eingesetzt. Der Transport von belegten Pumpernikkelbrotscheiben, gestapelt in Kisten, geschah auf der offenen Ladefläche eines Lkw. So wurden auch Menschen in durchfahrenden Zügen auf dem Hauptbahnhof damit versorgt und wir versorgten uns auch selber! Wenn wir in die Vorschule zurück kamen, mussten erst die Brotscheiben aus den Taschen und unter der Drillichjacke hervorgeholt werden.

Und trotz dieser immer bedrohlicher werdenden Lage in und um Deutschland herum, konnte ich Weihnachten 1944 noch zu Hause in Bredstedt verbringen. Nur unser Vater war nicht dabei. Wir Übrigen erlebten das Weihnachtsfest in gewohnter Weise. Aber eine „Gans" gab es sicherlich nicht.

In den Jahren davor hielt am Heiligen Abend Adolf Hitler seine Weihnachtsansprache. Diesmal, 1944, mussten wir uns die Rede und die Worte von dem Reichspropagandaminister Joseph Goebbels anhören.

Schreiend ertönten seine Worte aus dem Radio: „An das Deutsche Volk, Aufforderung zum Totalen Krieg!"

Nach diesem Fest fiel der Abschied mir und meiner Schwester Anne-Lise besonders schwer.

Obwohl am 6. Juni 1944 die Alliierten schon unter dem Decknamen „Overlord" in der Normandie gelandet waren, eine sogenannte zweite Front bildeten und Richtung Deutschland vorrückten, fand am 18. Juni 1944 in Berlin noch das Endspiel um die Deutsche Fußballmeisterschaft zwischen dem Dresdner SC und dem LSV Hamburg statt!! Dresden gewann 4 : 0 und war Deutscher Meister.

Ende Oktober 1944 nehmen die Amerikaner nach erbittertem Widerstand und Gefechten die erste deutsche Großstadt Aachen ein!

Am 16. Dezember 1944 befiehlt Adolf Hitler aus seinem Hauptquartier in Hessen „Adlerhorst" heraus, eine Großoffensive gegen die Alliierten in den Ardennen, die aber unter großen Verlusten auf beiden Seiten scheitert!
Leider wurde immer noch an den Endsieg geglaubt, auch wir 14 und 15jährigen glaubten daran!
Trotz allem hatten meine Kameraden und ich im Jahre 1944 auch schöne Erlebnisse und Abwechslungen.

Pfingsten 1944 machten wir einen Ausflug mit der D. Reichsbahn vom Bahnhof Hemelingen nach Cuxhaven. Im Waggon dritte Klasse. Hier haben wir uns am Deich vergnügt und sind mit einem Ausflugsboot über die Elbmündung bis nach (damals noch) Brunsbüttelkoog und zurück gefahren. Ein Ereignis besonderer Art wurde uns hier zu teil! Auf der Hinfahrt fuhren wir durch einen vor Anker liegenden Flottenverband.

Auf der Rückfahrt war der Verband gerade dabei, Fahrt aufzunehmen. Auf welche gefährliche Fahrt er sich wohl begab?

Auf diesem Bild sind Sieben Kameraden der Stube 39: hinten verdeckt Wedde, dann Nolte, dann Schöpke, zurück gelehnt Günter Petersen, seine Stulle fixierend „Momme", dann Schumacher und Wernicke.

Am 20. Juli fand das leider missglückte Attentat auf A. Hitler statt.

An allen Fronten rückten die Alliierten vor, aber wir fuhren Anfang August 1944 drei Tage in ein Zeltlager nach Achim an der Weser. Wer Mut hatte und gut schwimmen konnte, durfte die Weser durchschwimmen! Obwohl ich auch gut schwimmen konnte, hatte ich den Mut nicht, denn die Strömung war enorm.

Auf dem Bild stehen links: Feldwebel Flechsig und rechts Unteroffizier Möller. Beide waren sehr streng und bemühten sich, uns so richtig „hart" zu machen.

Aber hier im Lager, im schönen Wesergebiet, hielten sie sich sehr zurück, vielleicht weil Leutnant Landt mit Familie dabei war.

Ohne Drill und Ordnung geht es auch im Zeltlager nicht. Ganz links Feldwebel Flechsig, Front abschreitend Zugführer Holler und nach rechts schauend Zugführer Biese. Momme: siehe Punkt!
Ein Ereignis besonderer Art stand mir am 9. November 44 bevor. An diesem Tag wurden immer Beförderungen ausgesprochen und ich wurde zum „Rottenführer" befördert! Hatte ich mich besonders angestrengt? Ich weiß es nicht! Als ich danach auf die Stube kam, rief einer aus Jux „Achtung"!
Ein ordnungsgemäßer Tagesablauf in der Vorschule oder in der Fabrik war nicht mehr gewährleistet.
Stetig gab es Alarm und es wurde immer wieder bombardiert. Auch wurden wir immer wieder bei der Versorgung eingesetzt.

In der Vorschule funktionierte die Wasserversorgung Ende Januar 1945 auch nicht mehr, so dass auf dem Exerzierplatz Latrinen angelegt wurden.
Es konnte keine Nacht mehr durchgeschlafen werden!
Hiobsbotschaften von überall her:

Ostpreußen total eingeschlossen

Dresden Mitte Februar total zerstört

Frauen und Mädchen wurden zum Volkssturm berufen

Amerikaner erreichen den Rhein bei Remagen

Alle Militärschüler ab Jahrgang 1929 wurden in der Vorschule auf dem Sportplatz an Maschinengewehr und Panzerfaust ausgebildet. Jahrgang 1930 und jünger sollten die Vorschule verlassen Richtung Norddeutschland – Dänemark. Also Richtung „unsere Heimat". Karl Peter Wernicke und ich sowie andere Kameraden baten aber darum, auch hier bleiben zu dürfen, um unsere Heimat zu verteidigen. So verblendet waren wir! Gott sei Dank wurde das abgelehnt.
Um es gleich zu komplettieren: sechs unserer Kameraden, auch mein Stubenkamerad Alfred Schöpke, sind gefallen!
Mitte März 1945 brechen wir auf. Wir konnten noch einige alte Kleidungsstücke gegen neue umtauschen. Die Kleiderkammer war voll. Ich nahm eine Drillichjacke.
Unter Führung von den Zugführern Biese und Holler und Unteroffizier Möller ging es zuerst in Formation, später locker, Richtung Bremervörde und dann quer durch Niedersachsen bis nach Wischhaven an der Elbe. Übernachtet wurde bei den Bauern in Scheunen und über

Ställen auf dem Boden. Die Bauern fuhren uns mit Pferdewagen immer von Ort zu Ort, wobei es vor allem auf das Gepäck ankam und wir nebenher liefen, es sei denn einer konnte nicht mehr. Verpflegt wurden wir, außer von unseren Rationen, von den Ortsverbänden der Nazis!

Im Bezirk Wischhaven wurden wir für zwei Tage in ein aus Baracken bestehendes Lager der Marineinfanterie einquartiert!

Obgleich an allen Fronten viele deutsche Soldaten ihr Leben lassen mussten, war hier die Baracken-Kaserne gut besetzt.

Während unsere Einteilung auf einzelne Baracken im Gange war, überflog uns in geringer Höhe ein einzelnes Flugzeug! Alle schauten gen Himmel, um die nationale Identität festzustellen, als das Flugzeug in einer großen Schleife wendete und im Tiefflug zurück kam. Wir alle rannten auseinander und suchten Schutz hinter den Baracken. Das Flugzeug ließ Maschinengewehrsalven herunter prasseln und überflog uns danach, aus allen Rohen schießend, ein zweites Mal!

Wie durch ein Wunder wurde niemand verletzt.

Dann ging es über die Elbe nach Glückstadt und von hier querbeet genau so weiter wie auf der anderen Seite der Elbe, Richtung Burg/Dithmarschen am Nord-Ostsee-Kanal! Unterwegs wurde mehr und mehr bei den Bauern um Lebensmittel gebettelt, denn der Hunger war groß.

Wir wurden jetzt auch mehrmals von feindlichen Tieffliegern angegriffen, konnten uns aber immer rechtzeitig in Sicherheit bringen! Da deutsche Flugzeuge nicht mehr in der Luft waren, konnte es sich bei Flugzeugen bzw. bei Motorengeräuschen nur um Feinde handeln.

Dann waren wir endlich in Burg am Bahnhof auf der Südseite des Kanals und es kam tatsächlich ein Personenzug aus Hamburg nach Westerland. Unglaublich!

Jetzt ging es mit dem Zug ab nach Husum und hier wurde umgestiegen nach Flensburg.

Nun bat ich darum, hier in Husum bleiben zu dürfen, da meine Großeltern hier wohnten. Es wurde abgelehnt!

So fuhr ich weiter mit nach Flensburg, wo wir am Abend bei Dunkelheit ankamen.

Noch in der Nacht marschierten wir weiter die 22 Kilometer nach Schafflund. Es mussten mehrere Pausen eingelegt werden! Morgens in der Früh trafen wir in einem leer stehenden Arbeitsdienstlager ein. Wir bekamen zu essen und konnten schlafen.

Es muss ja alles geplant gewesen sein, denn alles war bisher ja sehr reibungslos verlaufen.

Am nächsten Tag sollte es nach Dänemark weitergehen. Von hier waren es bis zu meinem Heimatort Bredstedt über Goldebeck-Goldelund-Högel ca. 23 Kilometer.

Ich bat nochmals darum, mich hier laufen zu lassen! Um frei zu kommen, wurde mir meine neue Drillichjacke abverlangt Ich gab die Jacke ab und marschierte mit meinem Tornister Richtung Heimat, während die anderen nach Dänemark weiter marschierten.

Richtung der Hauptverbindungsstraße Flensburg-Bredstedt gehend, ca. 10 Kilometer bis zur Kreuzung, wo ich dann rechts abbiegen musste, überholte mich ein Krad mit Beiwagen. Es waren zwei deutsche Soldaten, die mich (ohne dass ich sie anhielt) fragten, wo ich hinwolle. Danach nahmen sie mich bis zur Kreuzung mit und fuhren links ab nach Flensburg. Ich ging jetzt auf der Hauptstraße die ca. 15 Kilometer Richtung Bredstedt. In Goldebeck standen an der Haltestelle des Busses vor der Gaststätte tatsächlich einige Leute und warteten auf den planmäßigen Bus aus Flensburg, der aber schon überfällig war. Ein Mann war der Sattler Jensen aus der Süderstraße, der sich mir anschloss.

Es war um den 20.04.1945 als ich an meinem Geburtshaus in Bredstedt, Husumerstr. 54 klingelte.
Zufällig kam Frau Völker an die Tür und rief ins Haus: „MOMME ist da!" Die Freude war groß! Meine Schwester Anne-Lise und mein Vater waren noch nicht daheim.
Es begannen die letzten Kriegstage, aber der Krieg, auch in Bredstedt, war noch nicht vorbei.
Da am Bredstedter Bahnhof Flugabwehrkanonen postiert waren, fielen dort Bomben und eine traf das große villenartige Haus der Familie Ingwersen. Die zum Freundeskreis meiner Eltern gehörende Familie fand dabei, zusammen mit Nachbarn, die dort auch im Keller Unterschlupf gefunden hatten, den Tod. Nur ihr Sohn Heinrich, in meinem Alter, welcher nicht zu Hause war, überlebte!

Fast jede Nacht kamen Tiefflieger über Bredstedt und feuerten wahllos Maschinengewehrsalven in die Häuser! Mein Bruder Uwe und ich gruben im Garten ein großes viereckiges Loch, besorgten uns Balken und Strohballen, um in der Nacht das Haus verlassen zu können und hier einen „Splitterschutz" zu haben. Mehrmals mussten wir in der Nacht dicht gedrängt darin Schutz suchen, Gott sei Dank brauchte der Bunker seine Tauglichkeit nicht zu beweisen.
Am 08. Mai 1945 war dieser schlimme Krieg endlich zu Ende und englische Panzer rollten in Bredstedt ein. Mehrere Straßen wurden abgesperrt und die Häuser beschlagnahmt. Die Bewohner mussten raus.
Meine Bremer Zeit fand ihr endgültiges Ende aber erst einige Tage später. Zwei Kameraden von mir, Willy Kiefer und Peter Imberg aus Hervest-Dorsten waren in Dänemark „stiften" gegangen und kamen, da sie meine Adresse kannten, bei uns vorbei. Sie blieben zwei Tage, reparierten ihre „organisierten" Fahrräder, erholten sich

bei uns und radelten Richtung Ruhrgebiet. Ein Dankeschön kam einige Monate später.

Aus dem Brief von Willy Kiefer möchte ich einige wichtige Passagen, unsere Vorschule und Kameraden betreffend, zitieren:

Ich möchte Dir nur kurz schreiben, dass Peter und ich alles gut überstanden haben. Wir sind auch noch in Bremen bei der Vorschule vorbei geradelt. Ich kann Dir nur sagen, da sah es aus! Alles geplündert, da ist nicht mehr ein Stuhl in den Gebäuden!

Feldwebel Ewald war noch in der Vorschule und hat uns alles erzählt: Sechs Kameraden von uns sind gefallen, Liebich, Hellwich, Biallas, Schöpke, die zwei anderen Namen habe ich vergessen! Oberfeldwebel Elgeti ist in Gefangenschaft.

Als ich nach Hause kam, habe ich Dorsten gar nicht wieder erkannt. Da liegt alles flach, sei froh, dass Du nicht im Ruhrgebiet wohnst! Kamerad Fritz Fischer hat mich besucht. Er hat im Lazarett gelegen mit einem Nackendurchschuss und einem Streifschuss am Arm!

Mai 1945

Mein Vater und meine Schwester Anne-Lise sind Gott sei Dank auch sehr schnell und zügig entlassen worden. Unser Leben hatte sich weitestgehend wieder normalisiert. Mein Vater versuchte, sein ELEKTROGESCHÄFT wieder in Gang zu bringen.

Von Dänemark her zogen unendliche Kolonnen deutscher Soldaten durch Bredstedt und die Husumerstraße nach Husum in die Gefangenschaft! Es war Ende Mai, Anfang Juni sehr heiß! Wir standen alle an der Straße mit Eimern voll frischem Wasser und reichten es den dankbaren Soldaten.

Wir saßen gerade beim Mittagessen, als ein Nachbars-
kind, Hildegard von Fehrn, hereinkam und zu meiner
Schwester sagte: „Anne-Lise, Du schass mool ruutkaam,
een Suldaat wull die sprääken!"
Draußen wartete ein Marinesoldat, Hans Gerd Hanenberg, welcher meine Schwester vor Monaten in Flensburg kennen gelernt hatte. Meine Schwester war dort
mittlerweile als Marinehelferin verpflichtet worden.
Er erinnerte sich beim Durchmarsch an ihre Adresse und
an unserem Haus mussten sowieso alle vorbei. Hans
Gerd war aus Essen an der Ruhr. Zwei Jahre später
wurde in Bredstedt geheiratet.
Das Leben normalisierte sich weiter. Die Hauptsorge galt
der Versorgung mit Lebensmitteln, welche es nur auf
Marken gab. Das reichte aber nicht zum Leben und so
musste dazu „besorgt" werden.
Wir hatten noch den Vorteil, dass unser Vater Paul Lundelius als selbständiger Elektriker relativ viel zu tun hatte
und Arbeiten gegen „NATURALIEN" ausführte, denn die
Reichsmark war nicht viel wert. Da wir ja einen Garten
hatten, war die Not nicht so groß.

Wie oben im Bild zu sehen, hatte unser Vater es auch zu einem Lieferwagen gebracht, wenn auch nur auf 3 Rädern! Hier ist auch sehr gut unsere Einfahrt zu sehen und mein Baum, wie auf Seite zwölf beschrieben.

Mein Bruder Uwe entwickelte sich auch schon zu einem Elektriker, während ich dafür kein Interesse zeigte.

Bis ich mir jetzt darüber klar war, was ich weiterhin machen wolle, habe ich mehrere Wochen im „Koog" bei den Großbauern Richard Wittmack und Hans Peters Disteln ausgestochen und Grabenkanten gesäubert!!

In Bredstedt hatte sich inzwischen ein Maurermeister selbständig gemacht, Karl (Kalli) Johannsen. Er machte mir den Beruf des Maurers schmackhaft und ich wurde sein erster Lehrling! Als Geselle hatte Kalli schon den Maurer Siegfrid Petersen eingestellt. Wir drei haben den Saal der Centralhalle ausgebaut und vergrößert. Nach vier Wochen hatte ich genug von der Maurerei!

Auch jetzt nach dem Kriege hatte sich in Bredstedt Ricklef Schierholz mit einer Firma für Heizung u. Sanitär selbständig gemacht. Das gefiel mir besser! Es war ja immerhin auch ein Metallberuf. Meine Mutter fragte für mich an. So begann ich am 20.09.1945 dort meine Lehre als Zentralheizungs- und Sanitär-Installateur. Der erste dort eingestellte Lehrling war Jens Heinrich Thomsen. Als Geselle war der allseits beliebte Kalli Nielsen angestellt.

Als Buchhalter bzw. Kompagnon trat auch Paul Schenk mit in die Firma Schierholz ein. Beide verband auch die Liebe zur Musik, denn Ricklef spielte Akkordeon und Schlagzeug und Paul Klavier. Sie gründeten auch eine Tanzkapelle und spielten oft zum Tanz auf!

Mein Jahr in Bremen wurde mir auf meine Lehrzeit von 3 ½ Jahren angerechnet.

Nach und nach vergrößerte sich die Firma Schierholz, vornehmlich mit qualifizierten Gesellen aus dem Osten,

welche als Flüchtlinge nach Bredstedt gekommen waren.
Ich habe meistens mit Otto Schäfer zusammen gearbeitet, welcher gelernter Kupferschmied aus Königsberg war und auch Erfahrungen im Bau von Zentralheizungen hatte.
Überwiegend arbeiteten wir auf Bauernhöfen um Bredstedt herum. Hier war es Usus, dass Handwerker auch beköstigt wurden! Was zwischen 1945 und 1948 mit zum Wichtigsten gehörte, was man sich denken kann. Der schönste Klang für uns war immer der, wenn in der Küche die Teller klapperten.
Wenn wir mal Werkstattarbeit verrichten mussten, wurden wir mit zum Bau von Brennhexen eingesetzt. Diese kleinen Öfen und Herde wurden in der Werkstatt stetig von einem Kollegen hergestellt. Es war in der „schlechten Nachkriegszeit" ein Renner! Hergestellt wurden sie möglichst aus verzinktem Blech (wenn es zu kriegen war) und sie wurden innen ausschamottiert.
Als Erlebnis möchte ich drei Montagen erwähnen, die ich als Lehrling zusammen mit Otto Schäfer ausführen durfte.
Es begann in der Landbäckerei Fritz Sachau in Bohmstedt. Um die Zentralheizung kostengünstig zu beheizen, haben wir seitlich in den mit Briketts beheizten Backofen einen Wärmeaustauscher, selbst in unserer Werkstatt gefertigt, eingebaut. Von hier aus wurde die Strahlungswärme vom mit Wasser gefüllten Austauscher absorbiert, an den im Nebenraum stehenden Heizkessel geleitet und von hier in die Heizkörper.
Im Spätsommer 1946 begannen die Arbeiten. Obwohl nur 19 Kilometer von Bredstedt entfernt, blieben wir dort, in Ermangelung von Fahrgelegenheiten, auch über Nacht. Ich schlief mit im Zimmer der Bäckergesellen im Obergeschoss, am Mehllager über der Backstube!

Hier hielt zum zweiten Mal mein „Schutzengel" seine Hand über mich (das erste Mal siehe Seite 57)!

Falls man in der Nacht mal zur Toilette musste, musste man oben ein Stück gehen und dann über die Treppe nach unten. Ich musste mal, aber da ich mich noch nicht auskannte, fand ich den Treppenniedergang nicht. Ich sah oben im Dämmerlicht hinter den dort stehenden Mehlsäcken eine Wand aus gestapeltem Heu. Nebenher betrieb die Bäckerei noch eine kleine Landwirtschaft mit Pferden und Kühen.

Mir blieb nur die Möglichkeit, über die Mehlsäcke zu gehen, um dort hin zu gelangen. So tat ich es dann auch. Plötzlich trat ich ins Leere und konnte mich noch gerade an einem Holzpfeiler festkrallen!

Das Heu lag auf der gegenüberliegenden Seite der Tenne. Unten standen landwirtschaftliche Geräte und Wagen.

Man wunderte sich am Morgen über den großen nassen Fleck auf dem Fußboden der Tenne. Ich habe nichts gesagt!

Anfang 1947 begannen wir dieselben Arbeiten in der Bäckerei Scharff in Lindewitt. Hier war die Mundpropaganda ausschlaggebend für den Auftrag. Mittlerweile war es strenger Winter geworden mit Minusgraden bis 20 Grad und Unmengen von Schnee. Lindewitt liegt bekanntlich an der Hauptstrecke Bredstedt-Flensburg mit regelmäßigem Busverkehr. Wir mussten auch hier übernachten, denn trotz der nur 23 Kilometer nach Bredstedt war eine Heimfahrt am Wochenende wegen der Schneeverwehungen nicht möglich.

Wir hatten nichts auszustehen. Eine warme Backstube und Unterhaltung stand uns am Abend zur Verfügung. Gegenüber der Bäckerei lag die Meierei und die Meiereigehilfen besuchten uns nach Feierabend. Sie

brachten die Butter und Milch mit und die Bäckergesellen hatten Eier, Mehl und Sonstiges abgezweigt und so wurden abends Kuchen gebacken und verzehrt! Dazu spielte ein Bäckergeselle auf der Ziehharmonika. Es war einfach herrlich!
Aber in Bredstedt gab es ein großes Unglück. Unsere VOLKSSCHULE brannte ab!

Wir konnten an einem Tag im Westen eine Rauchsäule erkennen und erfuhren dann auch Neues vom Busfahrer, der wieder fahren konnte.
Wegen der Kälte hatte der Hausmeister Bobe Thomsen vorsorglich die Zentralheizungsanlage entleeren wollen. Aber die Entlüftungsventile blieben geschlossen. So konnte das Wasser nicht ablaufen, verblieb in den z. T. aus Rohrschlangen bestehenden Heizkörpern und gefror zu Eis. Dadurch platzten die Rohre auf!
Die Schulkinder hatten „KÄLTEFERIEN" und so konnte sofort mit der Reparatur und Erneuerung der Heizungsanlage begonnen werden. Diesen guten Auftrag bekam die Firma Schierholz.
In den Klassenräumen verliefen vertikal vom Erdgeschoss zum Boden Klassenentlüftungsschächte aus Holz, mittlerweile mit Rissen versehen und innen sicher voller Spinnweben. In der Ecke eines dieser Schächte sollte die letzte Schweißnaht geschweißt werden und dann war das Werk vollbracht.
Durch den Sog im Schacht wurden Schweißfunken hineingezogen und es entstand eine Feuerwalze bis zum Dach! Als man es bemerkte, brannte schon der ganze Dachstuhl lichterloh. Da wegen des Dauerfrostes bei der Schule kein Löschwasser zur Verfügung stand, gestalteten sich die Löscharbeiten sehr schwierig, genauer gesagt: Man musste es brennen lassen!

Die Schuldfrage sollte vor dem englischen Militärgericht geklärt werden, aber eine Fahrlässigkeit konnte unserem Monteur „Kalli" nicht nachgewiesen werden.
Dieser schlimme Winter 1946-47 kostete vielen Menschen in Deutschland das Leben! Vor allem Kleinkindern und älteren Menschen. Sie erfroren oder wurden krank, vor allem in den großen Städten, weil es kein Brennmaterial gab und auch zu wenig zum Essen. In manchen Wohnungen herrschten Minusgrade! So durften wir uns noch nicht mal beklagen, konnten wir doch im Drelsdorfer Forst Busch sammeln und auch im Bereich Bohmstedt – Feld Torf stechen.
Um das zusammengetragene Buschwerk die ca. 7 Kilometer nach Bredstedt zu bekommen, mussten wir ein Pferdefuhrwerk leihen und zwar von der Firma Karl Bahnsen aus Breklum. Auch die Torfabfuhr wurde von Firma Bahnsen bewerkstelligt. Dieses ging aber erst, nachdem die Torfsoden, aufgeschichtet zu kleinen Hocken, trocken waren.
Um die Genehmigung zu erhalten, Busch zu sammeln, musste bei der Stadtverwaltung Bredstedt ein sogenannter Holzzettel geholt werden.

Um Torf stechen zu können, wurde ähnlich verfahren, aber hier kostete die Genehmigung 6,- RM!
Die Abfuhrkosten wurden von Firma Bahnsen berechnet: Es kostete 30 Reichsmark.
Zur Torfgewinnung kam erschwerend hinzu: Wir mussten je nach Wetterlage mehrere Male mit dem Fahrrad zum „Torfplatz" fahren, um zur besseren Trocknung die Soden umzusetzen!
Im Jahre 1947 bauten wir noch eine Zentralheizung in einer Bäckerei in Husby / Angeln, bei Bäcker Asmussen. Frau Asmussen war mit Bäcker Scharff verwandt und so war die Auftragsvergabe kein Problem. Auch hier lebten wir wie im „Schlaraffenland"!
Mit der Zeit war mir klar geworden, dass der Beruf des Zentralheizungsbauers für mich der Richtige war. Besonders das Schweißen hatte es mir angetan und ich ließ keine Gelegenheit aus, den Schweißbrenner in die Hand zu nehmen! Dies zahlte sich besonders im letzten Lehrjahr aus und hat mir auch später Vorteile beschert.
Einige Schwierigkeiten waren aber sehr extrem mit dem Schweißen verhaftet. Azetylengas in Flaschen gab es noch nicht, wie z. B. den Sauerstoff. So mussten wir das zum Schweißen benötigte Gas aus Karbid (Kal-Ziumkarbid) selbst herstellen! Die grobkörnig zu kaufenden Karbidstücke wurden in ein weitmaschiges Metallsieb gelegt, welches in der Mitte eines Wasserbehälters mit ca. 60 cm Durchmesser konstruiert war. Wenn die Flamme am Schweißbrenner er-losch, war eine Nachbefüllung mit Karbid nötig! Darauf-hin wurde die Glocke, welche einen nach oben gewölbten Deckel hatte, aus dem halb voll mit Wasser befüllten Behälter nach oben herausgehoben. Auf dem Deckel der Glocke waren angebracht: Manometer, Stutzen für den Gasschlauch-anschluss, Absperrventil und Entlüftungsschraube.

Damit nach dem Befüllen und dem Einsetzen der Glocke in den Behälter das Wasser auch die Karbidsteine erreichen konnte, um die Vergasung zu Azetylen, zu gewährleisten, musste oben am Deckel entlüftet werden. Während der Gasproduktion zerfielen die Karbidsteine und lagerten sich im Behälter als Schlamm ab. Die Entsorgung des Schlamms war immer ein Problem.

Da der Heizungsberuf erst nach dem Krieg zum Lehrberuf erhoben wurde, davor wurden Zentralheizungsanlagen überwiegend von Kupferschmieden mit gebaut, gab es in der Berufsschule in Bredstedt in der Bahnhofstraße keine spezielle Klasse für uns.

So war die wichtige Wärmelehre, z. B. wie funktioniert eine Zentralheizungsanlage und wie steigt das erwärmte Wasser nach oben und erreicht den letzten Heizkörper, noch nicht lehrbar.

So mussten wir Heizungsbaulehrlinge vorerst die Klassen mit Lehrlingen anderer Metallberufe teilen.

Am 20.10.1947 war es soweit. Ich legte vor der Gesellenprüfungskommission, bestehend aus den Herren Heinrich Harder, Max Ehlers und Hans Löffler, in Husum im Handwerkerhaus in der Süderstraße die Gesellenprüfung ab.

Mit dem Ergebnis: theoretisch „gut" und praktisch „gut"!

Eine lustige Episode möchte ich der Gesellenprüfung hinzufügen: Die praktische Prüfung fand in der Werkstatt von der Firma Max Ehlers statt. Wir waren sechs Prüflinge. Am frühen Morgen schon war von einem Bauern eine große Fuhre Torf angeliefert und auf dem Bürgersteig abgeladen worden. Wir bekamen große Weidenkörbe in die Hand gedrückt und mussten erst einmal den Torf in einen Schuppen tragen.

Vielleicht war das für uns Jungs schon ein Plus, denn alle haben die Gesamtprüfung bestanden!

In den vergangenen Lehrjahren war nicht nur Arbeit angesagt, nein, wir waren begierig viel zu erleben. Leider war das Problem allgemein, man hatte nicht die besten „Klamotten". Vor allem Hosen mit breitem Schlag waren große Mode. Richtungsweisend hierfür waren die Hosen der Marinesoldaten.

Ein Schneider, welcher mir so eine Hose nähen könnte, war mir bekannt. Aber dafür benötigte ich als Gegenleistung zum Tausch Schafwolle und Butter!

Schafwolle, in einer bestimmten Menge, habe ich mir so nach und nach „besorgt". Und die Butter? Die bekam ich von meinem Kameraden aus der FLTV in Bremen, Günter Petersen aus Wester Ohrstedt, denn sein Großvater Herr Lembke betrieb dort die Meierei.

Den Kontakt zu Günter hatte ich nach dem Krieg aufgenommen und bin mehrmals zum Wochenende die ca. 25 Kilometer nach Wester Ohrstedt mit dem Fahrrad gefahren. In diesen beiden Tagen lebte ich wie in einem Schlaraffenland und bekam dann für meine Familie in Bredstedt einige Flaschen Milch und Butter mit. Und diesmal für meine neue „Hose" eine Extraportion!

Mit unserer Clique, Jungen und Mädchen ungefähr gleichen Alters, wurde an den Wochenenden viel unternommen, privat gefeiert oder zu Tanzveranstaltungen in Gaststätten in und um Bredstedt gegangen.

Aber am besten und schönsten war es immer im Schützenhof in Bredstedt! Hier spielte die Kapelle Brandenburg und in ihr, wie schon erwähnt, mein Chef Ricklef und sein Buchhalter Paul Schenk.

Sehr zum Leidwesen meines Vaters, denn er sah es nicht gern, wenn ich mich als Lehrling auf dem Tanzboden vergnügte und mein Chef dazu die Musik machte.

Ein Junge unserer Gruppe, Hans Christiansen (Hansi Piep), zu Hause gesegnet mit Gemüsehandel und kleiner Landwirtschaft, sorgte sehr oft für „geistige Getränke".
Da das „Tanzen können" noch in der Entwicklung steckte, mussten wir uns (meistens) etwas Mut antrinken! Weil im Lokal Mitgebrachtes nicht getrunken werden durfte, mussten wir den Schwarzgebrannten aus Zuckerrüben draußen vor dem Lokal zu uns nehmen!
Danach hieß es aber: die Flasche gut verstecken, denn es gab wachsame Augen, die auf eine günstige Gelegenheit warteten.
Der Schwarzmarkt blühte auf dem Tanzboden und drum herum gab es die „skurrilsten Situationen"!

War der Tanz zu Ende und die Partnerin zu ihrem Platz geleitet, standen wir Männer in Gruppen auf der Tanzfläche zusammen, um zu reden und zu rauchen. Konnte man es sich leisten, eine englische Luki Strikes oder eine Pall Mall für 12 Reichsmark anzustecken, wurde man gleich von mehreren Jungs belagert! Lässt Du mich mitfahren? Das bedeutete: Lass mich mal einen Zug machen. Oder man spekulierte auf die Kippe.

Natürlich war ich auch im Sportverein, dem TSV Bredstedt. Hier versuchte ich mich im Fußballspielen, aber leider nur mit mäßigem Erfolg. Der Ball war nicht mein Freund! Aber als Ersatzspieler bei den Jungmannen wurde ich evtl. mal aufgestellt und dann war die Freude groß! Ich war aber sehr stolz, zwei der besten Liga-Spieler (neben Harry Claußen) meine Freunde nennen zu dürfen, Ulli Ziesemann und Theo Lorenzen. Die gemeinsamen Jahre und das, was wir zusammen unternommen haben, bleiben unvergessen!
Eigene Fußballschuhe besaß ich nicht, aber ich konnte

mir welche von der Familie von Fehrn leihen, deren Sohn Ernst früher ein guter Spieler war, aber 1942 sein junges Leben verloren hatte.

Am 20. JULI 1948 kam die „Währungsreform".
Von einem Tag zum anderen war wieder alles zu haben!
Ludwig Ehrhard, Direktor des deutschen Wirtschaftsamtes, erst ab 1949 unter Adenauer Wirtschaftsminister, gab die Preise frei und begründete das deutsche Wirtschaftswunder!
Eine schlimme Zeit bis Kriegsende und eine verrückte Zeit bis zur Währungsreform lag hinter uns.

Jeder Bürger der Westzone bekam für 40 Reichsmark 40 neue Deutsche Mark! Im August kamen nochmal 20 DM hinzu. Für viele „Schwarzmarktleute" und auch Firmen kam das Aus.
Am 10. August 1948 erhielt ich mit einigen Kollegen die Kündigung! Ich zusammen mit einem sehr guten Lehrzeugnis.

RICKLEF SCHIERHOLZ, BREDSTEDT

HEIZUNG
LÜFTUNG
SANITÄRE
ANLAGEN

Bankkonto: Spar- u. Leikasse Bredstedt, Volksbank Bredstedt

BREDSTEDT, den 10. 8. 1948
Ruf 415

Zeugnis

Mit dem heutigen Tage scheidet mein Gefolgschaftsmitglied Hermann Schindelius geb. am 25.2.30 aus meinem Betrieb. Schindelius ist mir stets willig und bescheiden entgegengekommen und hat die ihm übertragenen Arbeiten stets zuverlässig und exakt ausge-führt, sodaß ich ihn jedem Unternehmer bestens empfehlen kann.

Infolge der Umstellung zum Betrieb durch die Reform ist es mir leider nicht möglich ihn zu behalten.

Für seine Zukunft wünsche ich ihm beste Erfolge, die durch seine bisher erwiesene Strebsamkeit nicht ausbleiben werden.

Ricklef Schierholz
Bredstedt

So war dann jetzt die sehr schöne Zeit bei der Firma Schierholz vorbei. Nach der Währungsreform blieben auch naturgemäß die Aufträge aus.

Was jetzt tun, fragte ich mich. Zum Arbeitsamt oder in die Fremde? Hier kam vielleicht die Verbindung meines aus YSTADT/SCHWEDEN stammenden Vorfahren ISAAK LUNDELIUS mit der Nordfriesin ANNA MARGARETHA SÖRENSEN aus Bredstedt im Jahre 1792 zum Tragen. Ich war Optimist und entschied mich für die „Fremde"!

Bereit mit mir zu gehen war mein auch bei Schierholz entlassener Arbeitskollege Helmut Petersen. Helmut war zwei Jahre älter als ich und von Beruf Schlosser. Bei Schierholz war er vor allem für den Bau der schon er- wähnten Brennhexen zuständig.

Unsere Eltern akzeptierten natürlich unser Vorhaben und so trafen wir alle Vorbereitungen.

Wir bekamen von unseren Eltern jeder „zwanzig DM" und sie bezahlten die Busfahrt mit der Firma Sterner bis Hamburg. Sterner fuhr zweimal wöchentlich mit einem Bus von Bredstedt nach Hamburg.

Von unseren Müttern bekamen wir eine ausgiebige Weg- zehrung „für die erste Zeit" mit.

Da wir zu Hause doch relativ beengt wohnten, mein Vater hatte ein Zimmer zur Werkstatt umfunktioniert, waren die Meinen über meinen Weggang nicht unbedingt traurig.

Mein Vater meinte zum Abschied:

„Jem kaamt seeger bald wedder na Huus."

Am 17. August 1948 fuhren wir früh morgens also mit Sterner nach Hamburg. Beide mit vollgepacktem Ruck- sack einschließlich einiger Lebensmittel für die erste Zeit.

Am Nachmittag waren wir in der Buszentralstelle und versuchten hier eine Mitfahrgelegenheit zu bekommen, was aber nicht gelang. Wir konnten hier für eine Nacht ohne Bezahlung unterkommen und haben uns am nächsten Morgen Richtung Harburg zu Fuß auf den Weg gemacht.

Wir hatten uns vorgenommen Richtung Buchholz-Hannover voranzukommen. Als erstes wurden wir von einem mitleidigen Treckerfahrer einige Kilometer mitgenommen, der aber dann irgendwann rechts abbog.

Die Hauptstraße in unsere Richtung war relativ stark befahren, aber unser intensives Winken half nichts, kein Auto hielt an. Man muss dazu sagen, dass die Zeit immer noch unsicher war und die Menschen vorsichtig. Wir hatten zu Fuß schon einige Kilometer hinter uns gebracht, die Dämmerung war nicht fern und wir hatten uns schon damit abgefunden, im Freien kampieren zu müssen. Mein Freund Helmut hatte es schon aufgegeben zu winken, ich tat es aber weiterhin!

Ein LKW näherte sich, ich winkte. Er fuhr durch, aber plötzlich leuchteten die Bremslichter auf. Wahnsinn, er hielt! Helmut hatte es gar nicht mitbekommen. „He höölt" rief ich und dann nichts wie hinterher. Es war ein Lkw mit Anhänger. Der Fahrer stieg aus. „Wo wollt ihr hin?" fragte er. „Nach Hannover." sagten wir. „Dann rauf mit euch auf den Motorwagen". Wir waren nicht die Einzigen. Hinten drauf waren schon mindestens sechs Tramper. War uns aber egal, wir freuten uns. Der Lkw hatte nichts geladen, auch der Anhänger war leer.

Spät am Abend kamen wir am Hauptbahnhof Hannover an. „Alles runter." rief der Fahrer „Endstation!"

Ich hatte etwas Feinschnitt-Tabak bei mir und ging nach vorne zum Fahrer und Beifahrer und bedankte mich, auch um etwas Tabak anzubieten. Der Fahrer fragte

mich: „Wo wollt ihr hin?" „Ist uns egal", antwortete ich, „Wir sind auf Arbeitssuche." Da sagte er, dass sie noch weiter führen, aber in der Nacht niemanden mitnähmen. Der Fahrer zeigte auf eine um die Ecke fahrende Straßenbahn. „Stellt euch da hin, wir kommen gleich und dann könnt ihr weiter mitfahren." Sie kamen, hielten und wir hatten den ganzen Wagen für uns alleine!
Nachdem in der Nacht auf der Autobahn von Hannover Richtung Süddeutschland viele Kilometer zurückgelegt waren, wurde auf dem Parkplatz einer Raststätte Halt gemacht, um zu schlafen und um zu tanken. Da wir keine Wolldecken dabei hatten, versuchten wir, uns mit Planen, welche hinter dem Führerhaus lagerten, zuzudecken. Aber wir froren fürchterlich! Am Morgen bat ein Tramper den Fahrer, mitfahren zu dürfen. Er durfte. Er stellte sich uns als Artist vor und wir waren nicht begeistert.
In der Höhe Heidelbergs mussten wir aussteigen. Das Ziel des LKWs kannten wir nicht, aber die Autobahn ging ja weiter Richtung Stuttgart.
Helmut und ich entschlossen uns, auf den Autobahnzubringer in die Richtung Heidelberg zu gehen. Leider wurden wir den uns unsympathischen Mitfahrer nicht los! Das gelang uns später erst in Heidelberg. Aber erst mal wurden wir von einer Polizeistreife angehalten und nach unseren Ausweisen gefragt, die ja in Ordnung waren. Dann folgte die Belehrung, dass das Gehen auf der Autobahn verboten sei. Mein Vater bekam in Bredstedt später einen Bußgeldbescheid über 3 Deutsche Mark. In Heidelberg schlenderten wir durch die Hauptstraße und wurden prompt von einer Zivilstreife nach unseren Ausweisen gefragt, denn Heidelberg war amerikanisches Hoheitsgebiet!
Es wurde spät und wir mussten eine Unterkunft für die Nacht suchen. Wir dachten, hier sei es sicher wie in

Schleswig-Holstein und es gäbe außerhalb der Stadt bestimmt eine Unterbringungsmöglichkeit bei einem Bauern. So gingen wir aus Heidelberg heraus und durch eine Baumallee auf ein Haus zu, aber es waren Obstplantagen! Wir gingen in das Haus und baten um ein Nachtlager. Es erschien ein Mann mit einem Schäferhund an seiner Seite, der uns unmissverständlich klar machte, zu verschwinden! Er brauchte es nicht zweimal sagen. Wir gingen zurück in die Stadt und fragten uns zum Caritas Hospiz durch. Hier wurden wir aufgenommen, aber, O-Schreck, unser Kumpan vom Lkw war schon da. Glücklicherweise ließ er uns in Ruhe.

Am Morgen nahmen wir uns die ca. 25 Kilometer nach Mannheim vor, machten aber trotzdem noch einen Abstecher zum Heidelberger Schloss, denn so etwas hatten wir „Nordfriesen" ja noch nicht gesehen.

Nach Mannheim kamen wir per freundlichem Autofahrer schnell und unsere „zwanzig DM" waren immer noch ganz!

Zu Essen hatten wir immer noch vom Mitgenommenen, obgleich wir schon den dritten Tag unterwegs waren. Auch gab es reichlich reifes Obst um diese Jahreszeit. Viele Straßenbäume waren Obstbäume.

Es war der 20. August 1948, als wir in Mannheim waren und an diesem Tage wurde die Grenze zwischen der französischen und amerikanischen Besatzungszone geöffnet. Das bedeutete, dass die Passkontrollen auf der Rheinbrücke zwischen Mannheim und Ludwigshafen entfielen. Helmut und ich schlenderten an diesem Tag mit dem Menschenstrom nach Ludwigshafen. Dort gingen wir zum Arbeitsamt. Man bot uns an, als Fremd-Arbeiter nach Frankreich zu gehen. Nachdem wir die Bedingungen erfahren hatten, meldeten wir uns an. Wir bekamen einen Freifahrtschein für die Eisenbahn bis

Kaiserslautern und mussten uns dort in einem Lager melden.

Das Lager war eingezäunt und nur durch ein Wachhaus zu betreten. Hier wurde man von einem Pförtner überprüft. Wir bekamen in einer Baracke ein Doppelstockbett zugewiesen für die Zeit, die wir hier verbringen mussten.

Es wimmelte hier von obskuren Gestalten und unser Eigentum war unterm Kopfkissen am sichersten.

In den nächsten beiden Tagen wurden wir ärztlich untersucht und mussten dafür „splitternackt" vor einer Ärztin Aufstellung nehmen!

Es folgte eine intensive Befragung zur Person. Der die Daten Aufnehmende fragte bei meinem Vornamen: „Momme, was ist denn das für ein Name?" Ich sagte: „Ein Nordfriesischer!" „Ach", meinte er, „dann sind Sie kein Deutscher?" Ich erklärte dann, dass die Nordfriesen ein deutscher Volksstamm wären.

Da sich für uns keine Schwierigkeiten, nach Frankreich zu kommen, auftaten, beschlossen wir, mit einigen anderen Bewerbern, mit denen wir uns angefreundet hatten, in Kaiserslautern etwas zu feiern. Wir haben ein Tanzcafé aufgesucht und hier „leider" unser Geld auf den Kopf gehauen. Wir tranken den Wein wie Wasser und das bekam uns nicht! Vor allem Helmut hat durch Erbrechen im Lokal und auf der Toilette „Ärger" gemacht und wir „bekommen", denn wir wurden des Lokals verwiesen!

Leider kam der Knaller am nächsten Tag. Helmut wurde nicht angenommen und nur ich konnte nach Frankreich!

Der Grund dafür, dass Helmut nicht angenommen wurde, war ein Ekzem am Unterarm.

Für mich stellte sich nun die Frage, ob ich allein nach Frankreich gehe und damit auch Helmut allein weiter ziehen lasse?

Beides wollte ich nicht! Gelöst haben wir das Problem, indem wir beim Pförtner sagten: „Wir sind nicht angenommen worden und wollten unser Gepäck zum Bahnhof bringen". Eigentlich hatte Helmut die Chance, am nächsten Tag mit einer Gruppe von nicht Angenommenen auf einen Freifahrtschein bis Mainz zu fahren und von dort hatte jeder dieser Leute eine Freifahrt mit der Eisenbahn bis zum Ende der französischen Zone, das war dann für Helmut Andernach. Aber nicht für mich!

Die Gruppe sollte am nächsten Tag zu einer bestimmten Zeit in Mainz sein und wir wollten uns dann dazugesellen.

Aber erst mal mussten wir jetzt nach Mainz kommen und zwar auf Schusters Rappen! Knapp 80 Kilometer lagen vor uns! Es war gerade Feierabendzeit und viele Menschen strebten nach Hause. Unser Gefühl für unsere Situation war nicht sehr glücklich. Ausgangs der Stadt überraschte uns ein schwerer Regenguss und wir stellten uns unter ein Überdach eines Hauseinganges. Die Tür wurde geöffnet und man fragte uns, wo wir hinwollten. Wir haben unsere Story erzählt, man bat uns in die Küche und wir bekamen etwas zu essen!

Als es trocken wurde und wir uns bei diesen netten Menschen erholt hatten, zogen wir weiter. Wieder traf ein Glücksfall ein, denn es kam ein Lastwagen angefahren. Der Fahrer hielt an und wir baten darum, mitfahren zu dürfen. Wir durften und zwar bis Mainz! Der Wagen hatte auf der offenen Ladefläche Sauerstoffflaschen geladen. Unterwegs hielt der nette Mann an und sagte, er müsse noch Löwenzahn für seine Kaninchen mitnehmen und so haben wir natürlich beim Pflücken geholfen.

Da wir diesmal gleich vorhatten, zum Caritas-Hospiz zu gehen, brachte uns der Mann bis vor das Gebäude. Wir wurden aufgenommen, bekamen auch zu Essen, aber

Betten waren nicht mehr frei, so dass wir auf harten Holzbänken die Nacht verbringen mussten.

Da man auch im Caritas für Unterkunft und Verpflegung einen kleinen Obolus entrichten muss, wir aber kein Geld hatten, mussten wir am Morgen den Hof fegen.

Bis zum Einlaufen des Zuges aus Kaiserslautern hatten wir noch eine Menge Zeit, so dass wir noch einiges von der Stadt Mainz sehen konnten.

Dann ab zum Bahnhof und als der Zug kam, war es keine Schwierigkeit, die Gruppe zu finden. Wir haben uns auch ohne Komplikationen einordnen können und fuhren dann Richtung Köln mit einem vollbesetzten Eilzug, wo auch in den Gängen des Zuges kaum ein Durchkommen war. Das war unser Glück, denn da wir in Andernach raus mussten, aber uns trauten bis Köln durchzufahren, war es gut, dass kein Kontrolleur kam!

Im Kölner Hauptbahnhof angekommen, meldeten wir uns bei der Bahnhofsmission und erzählten unseren Fall. Da es schon sehr spät war, durften wir für diese Nacht in den Räumen der Bahnhofsmission bleiben und bekamen auch zu essen.

Am nächsten Tag konnten wir mit einer Bescheinigung der Mission den Bahnhof verlassen. Wir fragten uns zum Arbeitsamt durch und meldeten uns dort als Arbeitssuchende. Wir hatten wieder Glück und wurden zur Heizungs- und Sanitärfirma Josef Leifeld in Köln-Nippes, Niehlerstraße 142 geschickt, die mich als Installateur und Helmut als Heizungshelfer einstellte. Wir erhielten als Stundenlohn 1 DM und waren glücklich. Es war der 27.08.1948.

Um am Anfang über die Runden zu kommen, bekamen wir einen kleinen Vorschuss. Herr Leifeld vermittelte uns eine provisorische Unterkunft im „Dombunker". Dieser neben dem Kölner Dom stehende Bunker war zu einer

Massenunterkunft umfunktioniert worden und beherbergte in sich auch eine Gaststätte. Wir hatten in einem saalartigen Raum unsere feste Schlafstelle. Da die Menschen hier oft wechselten, konnte es passieren, dass wir in der Nacht geweckt wurden und man unsere Ausweise sehen wollte. An einem Kiosk vor dem Bunker kaufte ich mir abends immer eine (1) Pilotcigarette und rauchte eine Hälfte abends auf der Bettkante und die andere Hälfte morgens! Helmut war Nichtraucher.
Am Sonntag den 5. September überraschten uns die vielen Menschen, welche sich im Kölner Dom und auf dem gesamten Domplatz einfanden. Es waren viele Verkaufsstände aufgestellt und die Menschengruppen sprachen und sangen miteinander.
Es wurde der erste Katholikentag nach dem Kriege gefeiert. Der Hauptort hierfür war die Stadt Mainz, aber gefeiert wurde auch im größten gotischen Kirchenbau in Deutschland, im Kölner Dom.
Morgens fuhren wir mit der Straßenbahn zur Firma in Köln-Nippes und wurden zur Arbeit eingeteilt. Ich habe die Kölner als sehr freundliche und hilfsbereite Menschen kennen gelernt. Wenn ich in Privatwohnungen zu tun hatte, merkte man mir das Norddeutsche an und wenn ich dann noch meinen Vornamen Momme nannte, hatte man viele Fragen. Den Namen haben wir noch nie gehört und wie kommen Sie nach Köln usw. Ich habe dann immer die Passage aus Otto Ernst Gedicht „Nis Randers" aufgesagt: „Dein Vater ging unter und Momme mein Sohn, drei Jahre verschollen ist Uwe schon, mein Uwe, mein Uwe!" Wenn ich dann noch unsere Odysse erzählte, war mir eine „Sonderbehandlung" in Essen und Trinken sicher!
Im Nachhinein kann man sich über das Vertrauen, welches Herr Leifeld uns entgegen brachte, nur wundern,

denn wir waren für ihn ja Fremde. Da er seine Wohnung nicht in der Niehlerstraße bei Werkstatt und Büro hatte, bot er uns an, übers Wochenende dort zu wohnen. Es gab dort fließend Wasser, einen Ofen und auch eine Schlafcouch, breit genug für uns beide. So hatte er auch gleich zwei Aufpasser für sein Eigentum in dieser unsicheren Zeit.

Auf dem Ofen konnten wir endlich mal heißes Wasser bereiten, um einige Sachen zu waschen. Ich besaß nur ein gestreiftes Oberhemd und Helmut ein in blau eingefärbtes Wollhemd. Nachdem in einem größeren Gefäß das Wasser zu kochen begann, wurde es eine „blaue Brühe". In meinem jetzt blau gefärbten Hemd waren die Streifen nur noch schwach zu erkennen, aber auch alles andere im Topf befindliche bekam einen Blaustich!

Hier hatten wir das erste Mal richtig Krach miteinander!

Wie schon vorher erwähnt, hatte meine Schwester Anne-Lise Hans Gerd Hanenberg aus Essen/Ruhr geheiratet. Mittlerweile wohnten beide in Essen-Huttrop. Hier machten wir an einem Sonntag einen Besuch, wurden herzlich aufgenommen und konnten uns so richtig satt essen. Obwohl die „Hanenbergs" auch beengt wohnten, bot mir mein Schwager an, „wenn es in Köln nicht mehr geht, komme hierher, Arbeit werden wir schon finden!"

Helmut hatte in der Zwischenzeit Kontakt mit einem ehemaligen Arbeitskollegen aus Flensburg aufgenommen, welcher dort bei einer Demontagefirma Nielsen tätig war. Diese Firma hatte den Großauftrag in Hamburg-Harburg, in den ausgebombten Werken der Firma Thörls vereinigte Speiseölwerke, die Demontage auszuführen.

So reiste Helmut gen Hamburg und ließ mich allein zurück. Ich durfte jetzt das Büro ganz beziehen und meine Situation verbesserte sich dadurch. Auch bekam ich abends öfter von einer netten Familie aus dem Vorderhaus, Büro und Werkstatt lagen im Hinterhof, eine Essensmahlzeit gebracht.

Nach einem weiteren Wochenendbesuch bei Hanenbergs in Essen haben wir beschlossen, dass ich meine Zelte in Köln abbreche und nach Essen komme. Vorerst musste ich aber im Wohnzimmer auf der Couch schlafen, denn ihre Wohnung war sehr klein und befand sich im selbst ausgebauten Dachgeschoss des Hauses, während Eltern und Geschwister von Schwager Hans Gerd im ersten Obergeschoss wohnten. Mein Schwager war in dritter Generation beim Rheinisch-Westfälischen Elektrizitätswerk beschäftigt, später als Elektromeister.

Bei Herrn Leifeld konnte ich komplikationslos meine Kündigung einreichen und so fuhr ich voller Freude am 09.10.1948 nach Essen an der Ruhr. Am 10.10. ging´s zum Arbeitsamt und am 12.10.1948 fing ich bei der Firma Willy Hartmann, Essen, Moltkestraße als Heizungsmonteur an.

Essen war im Krieg total zerstört worden und der Anteil an neu zu bauenden Häusern war noch gering. So haben meine Kollegen und ich sehr oft aus Ruinen mit Genehmigung der Stadt alles ausgebaut und abtransportiert, was noch wieder zu verwenden war, gusseiserne Heizkörper und Kessel, Rohrleitungen usw. Ein Kollege ist mir sehr in Erinnerung geblieben, welcher auch als leitender Monteur eingesetzt wurde, und zwar Willi Blase. In der Werkstatt wurde alles wieder „aufbereitet", um es wieder montieren zu können. Es war eine Knochenarbeit! So begann dann „peu a peu" der Wiederaufbau. Übrigens der Transport der z. T. sehr schweren Materialien wurde von uns auf zweirädrigen Holzkarren, mit Bandeisen überzogenen großen Rädern, bewerkstelligt! Damit „rollten" wir mitten durch Essen.

Weihnachten kam näher und ich freute mich auf die Heimfahrt nach Bredstedt. Bei Vorlegen einer Arbeitsbescheinigung vom Arbeitgeber gab es bei der Bahn 50 % Ermäßigung für eine *Arbeiterrückfahrkarte.*
In Bredstedt traf ich dann Kumpel Helmut wieder, dem es bei Firma Nielsen gut gefiel. Da es mich auch wieder in den Norden zog, wollte er bei seiner Firma anfragen, ob noch eingestellt würde. Wieder in Essen, konnte ich mich gedanklich von Bredstedt nicht lösen, dafür waren die Tage (Weihnachtsball etc.) zu schön gewesen. Endlich kam von Helmut die Nachricht, dass ich sofort bei der Firma Carl Nielsen anfangen könne! Ich sollte mich bei dem Montageleiter der Firma, Peter Petersen in der Fabrik Thörls Speiseölwerke melden. Es war der 17.01.1949 als ich in Harburg erschien. Ich wurde eingestellt als Montagejungschlosser! In einem auf dem Werksgelände stehendem Wohnheim konnte ich mit anderen zusammen eine Unterkunft bekommen. Für die Benutzung wurde ein geringer Betrag mit dem Lohn verrechnet.
Dieses Hauptwerk war voll in Betrieb, es stellte aus Erdnüssen und Kopraschnitzeln, sowie Kokosnüssen Speiseöl her. Diesem Hauptwerk gegenüber lag ein zweites großes Werk der Firma Thörl, welches aber im Krieg total zerstört worden war. Zwischen den beiden Werken verlief ein breiter, tiefer Wasserarm, ein sogenannter Fleet.
Mehrere Firmen waren damit beschäftigt, die Maschinen auszubauen und die Rohrleitungen zu demontieren. Wir von der Firma Nielsen hatten die Aufgabe, alle Edelmetalle, welche irgendwo eingebaut waren, auszubauen und eventuell zu Barren einzuschmelzen! Das waren die Metalle: Rotguss, Kupfer, Messing und aus den Maschinenlagern die Lager aus Weißmetall.

An dieser Seite des Fleets legten die großen Schuten an, vollgeladen mit oben genanntem Rohrmaterial! Im Hafen war die Ware von den Ozeanriesen übernommen worden. Wenn im verarbeitenden Werk Nachschub benötigt wurde, wurden die Schuten auf die andere Seite mit einem Schlepper verholt! Die Besitzer der Schuten hatten ihre Wohnungen auch darauf.
Es sprach sich immer schnell herum, wenn Schuten beladen mit Erdnüssen und Kopra angelegt hatten. Wir versuchten dann, irgendwie an die essbare Ware heranzukommen. Möglich war es eigentlich nur bei nebligem, dunklem Wetter. Da ich am Wochenende nach Bredstedt fuhr, versuchte ich mal mein Glück allein. Leider lag die Schute außen, ich musste, um dahin zu kommen, über einige andere Schuten, die näher zum Land lagen, hinweggehen. Der Schutenführer war nicht da! Ich löste an einer Ecke die Persenning und versuchte mit den Händen meinen Eimer voll zu bekommen. Plötzlich kam von Land her ein Mann, der Platzwart und Pförtner Herr Nagel. Er blieb hinter mir stehen, aber ich tat, als hätte ich ihn nicht bemerkt, war aber total aufgeregt. Er fragte mich, was ich da mache? Ich sagte, dass ich am Wochenende nach Hause, nach Bredstedt führe und meinen Eltern und Geschwistern gern einige Erdnüsse mitbringen möchte. Er half mir dann, meinen Eimer voll zu machen und sagte nur: „Jetzt verschwinde!"
Normalerweise saß Herr Nagel immer in der Pförtnerloge und kontrollierte die Ausweise der Durchgehenden, denn ohne Passierausweis kam man in beiden Werken weder rein noch raus. Auch mit Kontrollen am Körper und in Behältnissen musste immer gerechnet werden, denn der Schwarzmarkt bzw. -handel mit „geklautem Speiseöl" blühte! In Gaststätten war das Speiseöl gut zu verkaufen. Aber leider blieb mir keine Zeit hier soweit Fuß zu fassen,

dass auch aus mir ein kleiner „Schmuggler" werden könne, denn ich wurde wieder wegen Arbeitsmangel entlassen! Unsere Arbeit hier war beendet. Es war der 26. März 1949. Ein Verbleib in Essen an der Ruhr wäre wohl besser gewesen.

Jetzt kam ich doch wieder nach Bredstedt zurück! Für meinen Unterhalt musste ich ja nun auch ein bisschen Geld verdienen, denn ich wollte ja meinen Eltern nicht auf der „Tasche" liegen! Es gab am Ort noch eine Heizungs- und Sanitärfirma. Johannsen und Jehs. Aber im Moment wurde nicht eingestellt.

In der Husumerstraße 50, also fast Nachbar von uns, gab es die Firma Arthur Behrmann, Großhandel in Eier-Butter-Käse. Ich habe das Angebot angenommen, für die Firma über Land zu fahren und Hühnereier aufzukaufen.

Auf meinem „altersschwachen" Fahrrad mit Gepäckträger, aber schlechter Bereifung, hatte ich eine Kiste mit Eierpappen stehen, in der 360 Eier Platz hatten.

Es war ein schwieriges Geschäft, ging es doch um Pfennige! Der Preis musste stimmen, sonst hatte man keine Chance. Mir war eine Marge vorgegeben, in der ich operieren konnte, ein Ei kostete zwischen 6 und 8 Pfennige. Und erst das Ausrechnen! Taschenrechner gab es noch nicht. Mein Verdienst war schmal.

Mein Entfernungsradius um Bredstedt lag bei 10 bis 15 Kilometer. So kam ich auch bis Efkebüll. Hier auf der Schulwarft waren mir die Eier der „paar Hühner" sicher. Warum? Hier versorgte meine Tante ANNE, die Schwester meiner Mutter, den Haushalt der Lehrerfamilie Lorenz und Hertha Malcha, geb. Nommensen, Tante Annes Stieftochter.

Nachdem sie Witwe geworden war und noch einige Zeit in der Altenteilwohnung des Bauernhofes im Kleiseer-Koog gewohnt hatte, siedelte sie, nachdem Lorenz Mal-

cha aus dem Krieg zurück war, nach Efkebüll über. Es
war immer herrlich, wenn ich wieder in Efkebüll auf-
tauchte, an die Türe klopfte, und mir ein
„Ach, das ist ja Momme" entgegen klang.
Neben den bereits zurecht gestellten Eiern hatte Tante
Anne auch immer eine Erfrischung für mich.
Ihre Tochter Mariechen, meine Cousine, war im Jahre
1949 in der Ausbildung zur Hauswirtschafts-Meisterin.
Als ihr Sohn Momme J. Nommensen seinen Bauernhof
im Neuen Christian Albrecht Koog am Deezbüller Deich
übernahm, siedelte sie nach dort hin um und führte
zusammen mit der Schwiegertochter Hannemarie den
Haushalt.
Am 3. August 1949 konnte ich dann doch noch bei der
Firma Johannsen und Jehs anfangen, unter der Bedin-
gung: als Helfer! Dementsprechend war der Verdienst
gering. Hier wurde ich dem Monteur Franz Steiner
zugeteilt. Franz war ein Kriegskamerad von dem Chef
Joachim Jehs, der ihn nach Kriegsende mit nach Bredstedt nahm. Beide waren bei der Luftwaffe gewesen und
Franz hatte noch die neuen Düsenjäger geflogen.
Er war ein interessanter Arbeitskollege und sehr beliebt.
Am 21.12.1949 war Schluss wegen Arbeitsmangel.

Dann lernte ich Walter Jensen kennen. Er war Husumer,
aber mit Eltern und Bruder nach Bredstedt umgezogen.
Sein Vater eröffnete hier eine Glaserei. Sein Beruf war
Goldschmied, den er seit geraumer Zeit bei einer Firma
in Bonn ausübte.
Er wollte versuchen, für mich in Bonn eine Arbeit zu bekommen. Es gelang ihm auch, ich konnte am 25.01.1950
bei der Firma Gerhard Horst in Bonn, Meckenheimer-
straße 25 als „Heizungshelfer" anfangen. Wohnen konnte
ich auch bei seinen Wirtsleuten, Christian Klemmer,

Bonn-Endenich, Am Burggraben 70. In Vollpension, aber mit Walter in einem Zimmer und nicht nur das, auch in einem Bett! Aber es war für uns beide kein Problem und das Bett war riesig, so hatte jeder genügend Platz.
Bonn war sicherlich sanitärmäßig hoch entwickelt, aber die Vororte nicht. Wir hatten in Bonn-Endenich kein fliessend Wasser, kein Badezimmer und Plumpsklosett!
Aber für mich nichts neues, denn Bredstedt war auch ohne alles!
Zur Morgenwäsche stand im Zimmer eine Karaffe mit Wasser. Ganzkörperwäsche musste in der Waschküche in einem Bottich stattfinden, mit verhängtem Fenster. Und sonst? Frau Klemmer kochte ein gutes Essen und hat uns liebevoll und gut umsorgt.
Bei der Firma Horst wurde ich einem älteren Monteur als Helfer zugeteilt. Wir wurden zum Einbau einer Zentralheizungsanlage in einem Hotelanbau in Rolands-Eck eingesetzt. Direkt am Rhein gelegen, gegenüber dem SIEBENGEBIRGE. Ein toller An- und Ausblick, ich konnte mich nicht satt sehen! Königswinter – Siebengebirge – der Rhein und darauf ein reger Schiffsverkehr. Von Bonn aus fuhren wir mit dem Zug nach Rolandseck. Als diese Montage beendet war, wurde ich überwiegend zur Werkstattarbeit eingesetzt. Neuanlagen waren immer noch Mangelware.
So war es am 05.04.1950 wieder soweit: ich wurde wegen Arbeitsmangel entlassen.
Am 11.04. aber konnte ich schon bei der Firma Peter Hommelsheim, Bonn, Meckenheimer Allee 87 anfangen. Eine kleine Firma, welche überwiegend Reparaturen ausführte. Aber auch einige kleinere Neubauten hatte der Chef bekommen und darin arbeitete ich zusammen mit zwei weitere Monteuren und einem Helfer. Wir vier waren damit beschäftigt, in zwei direkt am Rhein stehende

Einfamilienhäuser die Zentralheizungsanlagen einzubauen.

Den Blick auf den Strom konnten wir vor allem in unseren Pausen genießen, saßen wir doch bei dem herrschenden sonnigen Frühlingswetter im Garten. Eine für Abwechslung sorgende Begebenheit habe ich in guter Erinnerung. An einem stromaufwärts fahrenden Schleppverband, meist bis zu vier Kähnen, welche von einem starken Schlepper gezogen wurden, löste sich der letzte Kahn und drehte sich quer und trieb rheinabwärts. Die wahrscheinlich erfolgte Bergung konnten wir aber nicht bis zuletzt verfolgen.

Anzufügen ist hier, dass der „Rhein Anno 1950" noch ein sauberer Strom war und zum Baden an verschiedenen zugelassenen Teilstücken, trotz der starken Strömung, gut geeignet war.

Vor allem mutige junge Leute schwammen an die ziemlich tief im Wasser liegenden Kähne heran, kletterten auf die Bordkante und sprangen dann ins Wasser.

Die Mutigen blieben auch manchmal auf der Bordkante sitzen, fuhren mehrere hundert Meter mit stromaufwärts und schwammen dann zurück.

Dem Schlepper selbst durfte man wegen der starken Unterströmung nicht zu nahe kommen, da die Schrauben „Lebensgefahr" bedeuteten!

Es war alles verboten, wurde aber geduldet.

Dann suchte in der Zeitung die große Firma Hans Berg, Bad Godesberg, Heizungsmonteure! Das interessierte mich sehr und ich bewarb mich, stellte mich vor und wurde eingestellt. So habe ich diesmal selbst gekündigt und fing am 29.06.1950 bei der Firma Berg an.

Eingestellt wurde ich als Jungmonteur, bekam aber schon von Anfang an einen Lehrling beigestellt! Hier hatte ich eigentlich das erste Mal Gelegenheit, kontinuierlich Erfahrungen zu sammeln und in meinem Beruf perfekter zu werden.

Ich wurde am Anfang im Bereich Reparaturen eingesetzt und dann mehr und mehr auf größeren Baustellen als sogenannter Partiemonteur unter Aufsicht eines Obermonteurs. Die Firma Hans Berg war eine der größten in der Region. Nachdem Bonn die Deutsche Hauptstadt geworden war, wurden immer mehr Mehrfamilien-Häuser gebaut, um Wohnungen für Abgeordnete zu schaffen. So habe ich z. B. auch in der Wohnung (bevor sie bezogen war) von Professor Carlo Schmidt gearbeitet und ihn auch bei einem Besuch dort selbst kennen gelernt!

Meine interessanteste Arbeit war meine Mitwirkung an der Zentralheizungsanlage im Neubau des ersten Abgeordnetenhauses des Bundestages. Unser Obermonteur hieß Adolf Schmidt. In dem großen Gebäude mussten auf den Etagen in den einzelnen Büros hunderte von Heizkörpern angeschlossen werden! Wir jungen Monteure steckten voller Ehrgeiz und jeder wollte Herrn Schmidt abends melden: „ich habe 5 Heizkörper angeschlossen", „ich 6!", was dann auch schon die Obergrenze war. Wir hatten noch nicht mal Akkord!

Um dieses Riesenhaus, übrigens das erste Hochhaus in Bonn, mit Wärme versorgen zu können, mussten vom 100 m entfernt stehenden Wasserwerk durch unterirdische Kanäle dicke Dampfleitungen bis in den Heizraum des Neubaus verlegt werden. Der im Wasserwerk erzeugte Hochdruckdampf wurde durch die Leitungen in große Gegenstromapparate geschickt, wo der Dampf dann auf Niederdruck herab transformiert wurde. Erst hier wurde die durch den Dampf erzeugte Wärme auf Wasser übertragen und gelangte mittels Umwälzpumpen in die Heizkörper.

Mein schon erwähntes Interesse für das Schweißen zahlte sich bei dieser Art der Rohrverlegung in Kanälen und an schwierigen Standorten voll aus! Nicht alle Schweißnähte konnten vorbereitend vor dem Einbau gemacht werden, sondern mussten an Ort und Stelle geschweißt werden.

Hier war Spiegelschweißen gefragt. Dafür wurden benötigt: eine biegsame Brennerspitze, deren Rohr aus Weichkupfer bestand und in verschiedene Richtungen verbogen werden konnte und ein aus einer Metallplatte, welche verchromt war, bestehender Spiegel, versehen mit Griff und einem Magneten. Dieser konnte dadurch am Rohr befestigt werden und war schwenkbar. Diese Art des Schweißens beherrschte ich mittlerweile sehr gut!

Von den oberen Etagen des Neubaus konnte man gut in den „ersten Plenarsaal" der Bundesrepublik hineinsehen und Abgeordnete erkennen. So u. a. Kurt Schumacher SPD, als er, gehandicapt durch eine Kriegsverletzung, zum Rednerpult geführt wurde!

Zum Richtfest wurden alle beteiligten Handwerker eingeladen und in der Gaststätte des Bundeshauses gab es für jeden ein Essen.

Neubau des ersten Abgeordnetenhauses des Deutschen Bundestages 1951:

Richtkranz hoch

Momme mit Kollegen Klaus Münch und Günter Wegner

Momme, Klaus, Günter
Hintergrund Plenarsaal

Kollege H. Schulz

Seit längerem wurde schon an der Erstellung einer amerikanischen H I C O G Siedlung in Bad Godesberg – Plittersdorf, zwischen Bonn und Bad Godesberg am Rhein gelegen, gearbeitet.

Ein Großteil der Zentralheizungs- und Sanitäranlagen in den Ein-, Zwei- und Mehrfamilienhäusern wurde durch die Firma Hans Berg erstellt.

Unser Obermonteur und Leiter dieser Montagen hieß Josef Pikard, der rheinischen Art entsprechend Pikards Jupp. Am ersten Juni 1951 wurde hier auf der Groß-Baustelle Plittersdorf mit hunderten von Bauarbeitern ein großes Richtfest gefeiert. Wir bekamen alle ein kleines Care-Paket! Selbst der Hohe Kommissar für Deutschland Mac Clou ließ es sich nicht nehmen zu uns zu sprechen!

Eine weitere große Siedlung wurde im Bonner Tannenbusch gebaut. Bauherr war hier die Bundesrepublik Deutschland.
In diese, auch in sich abgeschlossene Siedlung, zogen nur Beamte der Bundesregierung mit ihren Familien.
Auch hier war überwiegend die Firma Hans Berg tätig. Unser Obermonteur hier hieß Brandenburg, aus dem schönen Rheinstädtchen Unkel stammend, und mit zwei Söhnen langjähriger Mitarbeiter der Firma Hans Berg.
Der Tannenbusch, nur unweit von dem Vorort Endenich entfernt, war für mich bequem mit dem Fahrrad zu erreichen. Auf diesen großen Baustellen wurde für uns Heizungsbauer und Installateure immer eine eigene Baracke aufgestellt zur Lagerung der Materialien und Werkzeuge, zum Umziehen und um Frühstücks- und Mittagspausen zu machen.
Wie schon von mir erwähnt, waren die sanitären Gegebenheiten zur Körperpflege bei Klemmers nicht die allerbesten, so suchte ich sehr oft eine Warmbadeanstalt in Bonn-Poppelsdorf auf. Leider wurde mir hier mein auf „Abzahlung" gekauftes Fahrrad geklaut! Es ist ein scheußliches Gefühl, wenn man zurück kommt und der Platz ist leer. Danach war das Erreichen meiner „Baustellen" etwas schwieriger.

Um eine bessere Wohnmöglichkeit zu bekommen, wurde mir sogar vom Arbeitgeber für das Wohnungsamt eine „Beurteilung" geschrieben, aber es zeigte vorerst keinen Erfolg.

HANS BERG

INSTALLATION U. HEIZUNGSBAU

Reichsbankgirokonto 442 / 869 Bonn
Deutsche Bank, Zweigstelle Bad Godesberg
Kreis-Sparkasse Bonn, Zweigst. Bad Godesberg
    Konto 1548
Stadt-Sparkasse Bad Godesberg Konto 937
Postscheckkonto Köln 450 85

Bad Godesberg
POSTSTRASSE 1 + RUF 2616

Ihr Zeichen: Ihre Nachricht vom: Mein Zeichen: Den
                                    Dr.Su/Go/115   16.1.1951

r:

Bescheinigung
(nur für das Wohnungsamt)

Hierdurch bescheinige ich, daß der Monteur Momme Lundelius, geboren am 25.2.3o in Bredstedt, im Rahmen meines Betriebes an der Montage von Bundesbauten eingesetzt ist. Lundelius ist ein tüchtiger Monteur, den ich zur Durchführung meiner Arbeiten benötige.

Ich bitte daher dringend, ihm bei der Beschaffung eines ordentlichen Zimmers unterstützen zu wollen.

Hans Berg
Installation & Heizungsbau

I/0231

Ab Juni 1947 schon wurden, angestoßen durch den amerikanischen Staatssekretär George Marshall, Gelder zum Wiederaufbau Europas, einschließlich der deutschen Westzone, investiert. In Westdeutschland erst einmal freigegeben für Bundesbauten und größere Bauvorhaben.
So hatte eine größere Berliner Firma den Auftrag erhalten, in einem Bauvorhaben in Bonn die Zentralheizung einzubauen.
Firma Berg wurde gebeten, einen Monteur zur Verfügung zu stellen. So wurde ich zu den Berlinern abkommandiert. Für mehrere Wochen waren wir ein gutes Team, in dem ich gut zurecht kam.

Da es im Winter 1951/52 sehr kalt wurde und vor allem in der Nacht Minusgrade erreicht wurden, musste der kohlebefeuerte Heizungskessel überwacht werden.
Zur Übernahme dieser Aufgabe war ich gerne bereit, denn der „zusätzliche Verdienstaufschlag" kam mir gerade recht. Hatte ich doch dadurch im Weihnachtsurlaub in Bredstedt und natürlich auch danach etwas mehr Geld zur Verfügung.
Das Gebäude war zwar im Rohbau fertig, aber noch nicht verputzt und ohne Fenster. Somit musste bei dem enormen Wärmebedarf die Feuerung in Gang gehalten werden. Um mal kurz einzunicken, hatte ich mir hinter dem Kessel ein Lager geschaffen. Die Geräusche, die ab und an aus dem großen Gebäude herabschallten, machten mir schon ein bisschen Angst und ich war immer froh, wenn der Morgen nahte! Als diese Baustelle für die „Berliner" beendet war und es heimwärts ging, bot mir der Bauleiter an, mit nach Berlin zu kommen. Also war man mit mir doch sehr zufrieden, was ich aber ablehnte.

Hiernach wurde ich auf einer größeren Baustelle im Stadtbereich von Bad Godesberg als Partiemonteur einem Obermonteur Josef (Jupp) Vanderloh zugeteilt. Wenn ich meine mir zugeteilte Arbeit in dem ziemlich großen Bau fertig hatte, gesellte ich mich zu Kollegen, um mir eine neue Arbeit zuteilen zu lassen und wie es so kam, auch einen kleinen „Plausch" zu halten.

Für den gesamten Montagebereich war bei Firma Berg ein Montageinspektor, Meister Wrobel, zuständig. Zufällig traf er mich bei seinen Baukontrollen „so" an und unterstellte mir Bummelei! Obgleich auch meine Kollegen für mich sprachen, wurde ich „strafversetzt"!

„Strafversetzt" bedeutet unter Kollegen, eingesetzt zu werden an firmeneigenen Bauvorhaben. Zwei Mehrfamilienhäuser baute die Firma, um verdienten langjährigen Mitarbeitern eine Wohnung zukommen zu lassen. Eine lobenswerte Sache. Ich wurde im Außenbereich eingesetzt und musste mit Pickhacke und Schaufel Gräben für Entwässerungsleitungen ausheben. Als ich dabei war, mühselig den Steinkies zu lockern, um ihn heraus zu werfen, kam Herr Wrobel und sagte „von oben herab": „Du weißt ja, warum Du hier bist und das machen musst!" Leider machte ich dann den Fehler, ihm die Hacke vor die Füße zu werfen und zu kündigen!

Es war der 29. April 1952.

Die Zeit der „unbegrenzten Arbeit" war noch nicht ganz gekommen und weil ich selbst gekündigt hatte, bekam ich keine Unterstützung. Bei Firma Berg war auch kein Mitarbeiter gewerkschaftlich organisiert. Um nach einigen Fehlversuchen eine Anstellung zu erhalten, wieder bei der Firma BERG anzuklopfen und mich vielleicht sogar zu entschuldigen, fehlte mir der Mut!

Für Kost und Logis musste ich bei Frau Klemmer in der Woche 80,- DM bezahlen.

So habe ich dann zuerst bei einem Kohl- und Gemüse-
anbauer, ein sogenannter Kappesbuur mit einem Pferd,
Jakob Langner, Kohl gehackt und Unkraut entfernt. Das
brachte für mich in der Stunde „eine Deutsche Mark".
Mittlerweile hatte die Familie Klemmer die Baugeneh-
migung für den Neubau ihres Einfamilienhauses erhalten. Im Neubaugebiet, idyllisch am Kreuzberg gelegen, etwas außerhalb Endenichs. Das Grundstück hat
Herr Klemmer von seinem Vater geerbt, welcher hier
früher Anbaustücke für Gemüse hatte. Herr Klemmer
selbst war bei der Bergbauberufsgenossenschaft, die
ihren Sitz in Bonn hatte.
So konnte mit der Ausschachtung des Kellers begonnen
werden, welches Klemmers selbst in Eigenleistung übernommen hatten. So kam meine Arbeitslosigkeit eigentlich
ganz recht und ich konnte mein „Brot" hier verdienen.
Am Wochenende war die ganze Familie im Einsatz, aber
über die Woche war ich alleine. Zur Bewältigung der
Aufgabe standen uns Schubkarren, Pickhacke, Schaufel
und Spaten zur Verfügung.
Als ich wieder dabei war, Erdreich zu lockern, um es auf
die Karre zu schaufeln, hielt mein SCHUTZENGEL zum
dritten Mal seine Hand über mich!
Ich stieß auf etwas Hartes und erwartete einen größeren
felsartigen Stein und versuchte, ihn mit der Spitzhacke zu
lockern, aber er rührte sich nicht. Ich legte dann durch
Kratzen und Schaben den Stein oben frei und erkannte
die Spitze einer BOMBE!
Ich verließ sofort die Grube und Frau Klemmer benach-
richtigte die Polizei. Es wurde alles abgesperrt und am
nächsten Tag wurde die 5-Zentner-Bombe entschärft.
Die Bombe besaß einen „Säurezünder", welcher eigentlich immer intakt bleibt. Hier war scheinbar beim Eindrin-
gen der Bombe ins relativ weiche Erdreich diese wieder

aufwärts gerichtet worden, so dass der Zünder unten zu sitzen kam. Deshalb ist sie wahrscheinlich nicht explodiert.

Weiterhin klapperte ich alle erreichbaren Firmen um Bonn herum ab, um wieder Arbeit zu bekommen. Aber bisher „Fehlanzeige". Eine Firma in der Nähe des Rheins, Richtung Godesberg gelegen, hatte mich gebeten, in den nächsten Tagen wiederzukommen, denn sie erwarteten Auftragseingänge. Ich kam, aber man sagte mit Bedauern, dass es nicht geklappt hätte! Ich war ziemlich niedergeschlagen und ging erst mal an den Rhein, setzte mich auf eine Bank und überdachte meine Lage. Die dort scheinbar sorgenfrei spazierengehenden Menschen beneidete ich.

Ich musste wieder nach Endenich zurück und machte mich auf den Weg zur Straßenbahnhaltestelle. Auch hier hatte scheinbar, und das zum vierten Mal, mein SCHUTZENGEL seine Hand im Spiel! Einer Eingebung folgend nahm ich eine kleine Gasse, welche schräg von der Straße verlief, die ich eigentlich geradeaus zur Godesbergerstraße hätte weitergehen müssen. Sehr überrascht sah ich auf einer roten Backsteinmauer ein längliches rechteckiges Firmenschild prangen: Firma Weber & Co, Köln-Lindenthal, Heizung und Sanitär! Eine Firma, von der ich noch nie gehört hatte. Eine Bonner Adresse in der Nähe war angegeben.

Ich ging sofort dorthin und fand in einem Mehrfamilienhaus die Wohnung des für Firma Weber in Bonn tätigen Obermonteurs. Seine Frau bat mich, am Abend wieder zu kommen, da ihr Mann dann da sei. Leider habe ich den Namen dieser „Zufallsbekanntschaft" vergessen. Er bestellte mich für den nächsten Morgen nach Bad Godesberg in die Redoute, ein großes Hotel, wo eine umfangreiche Erweiterung des Gebäudes ausgeführt wurde. Als ich dort am nächsten Morgen erschien, saßen die Monteure gerade beim Frühstück. Ich sagte: „Hier bin ich." „Das sehe ich," entgegnete der Obermonteur, „aber wo hast Du Deinen Arbeitsanzug?" Ich hatte am Vorabend nicht mitbekommen, dass die Einladung auch eine Einstellung war! Schnell wieder zurück nach Bonn-Endenich und freudig ins Haus gerufen: „Frau Klemmer, ich habe Arbeit!" So fing ich am 26. Mai 1952 bei der Firma Weber & Co, Köln-Lindenthal, Nideggerstraße 3 als Heizungsmonteur an.

Dass nach Beendigung der Arbeiten auf dieser Baustelle ich auch in anderen Städten und Gegenden eingesetzt werden könnte, darüber habe ich nicht nachgedacht, aber so kam es.

Ich wurde schon vor Gesamtfertigstellung abgezogen und auf eine Baustelle an der holländischen Grenze versetzt.

Die Verabschiedung von Familie Klemmer, Vater, Mutter und Sohn Mathias und natürlich Freund Walter Jensen, fiel mir nicht leicht und war mir Klemmers gegenüber auch ein bisschen unangenehm.

Da sich bei Klemmers in den letzten Wochen auch einige Rückstände, sprich Schulden, angehäuft hatten, ließ ich sozusagen als Pfand einige Sachen dort, so z. B. meinen Wintermantel!

Da ich bisher zur Firma in Köln noch nicht gekommen war, ich aber jetzt dort wegen der Fahrt zur neuen Baustelle erscheinen musste, konnten auch noch Unstimmigkeiten in meinen Papieren ausgeräumt werden.

Ich bat auch darum, mir einen Vorschuss zu gewähren, indem man an Familie Klemmer 92,92 DM überweisen möchte! Der Vorschuss wurde gewährt und die Überweisung zugesichert.

Jetzt ging es von Köln-Lindenthal aus, für mich voller Erwartung und Neugier, mit dem Firmen-Lkw Richtung holländische Grenze, genau zu dem Nato Flugplatz Wildenrath, zwischen Erkelenz und Wassenberg.
Hier starteten englische und amerikanische Flugzeuge.
In Barackenunterkünften und festen Gebäuden wurden von der Firma Weber Zentralheizungsanlagen eingebaut. Auch hier war eine Baracke nur für uns zum Lagern von Werkzeugen und Materialien bereitgestellt. Ca. zehn Arbeitskollegen erwarteten mich dort.
Alle hatten in dem nahe gelegenen Ort Myhl Privatunterkünfte und halfen mir jetzt bei der Suche nach einer geeigneten Unterkunft. Ich fand sie noch am selben Tag bei einer älteren Dame, Frau Hahn. Ihre beiden Kinder Alex und Franziska waren aus dem Haus. Hier hatte ich Vollpension und fühlte mich rundherum wohl!
Es war hier eine Zeit, die ewig in Erinnerung bleibt. Am Abend gab es Treffpunkte und es wurde immer viel zusammen unternommen und wenn es manchmal nur das Schaufenster eines Elektrogeschäftes in Wassenberg war, da stand nämlich ein Fernsehgerät im Schaufenster und man konnte das Programm aus Holland empfangen.

Inzwischen hatte ich an Klemmers geschrieben und postwendend einen Brief erhalten. Das Geld war nicht eingegangen! Es war leider in Köln vergessen worden und ich habe das gleich in Ordnung gebracht.
Meine Sachen hat Herr Klemmer, da er öfter in Essen zu tun hatte, heimlich bei meiner Schwester vor die Tür gelegt, indem er die Klingel betätigte und schnell verschwand.

Bonn, den 11. Juni 1952

Lieber Momme !

Vielen Dank für Deinen Brief und Grüsse.

Von Deinem angeblichen Versuch am Donnerstag vorige Woche Deine Firma in Köln veranlasst zu haben uns das Deinerseits schuldende Geld zu überweisen ist natürlich restlos daneben gegangen, denn bis heute ist kein Geld bei uns eingegangen, bezw. wird auch kein Geld eingehen, da die Firma nach einer Auskunft kein Interessen hat eine derartige Überweisung vorzunehmen.

Solltest Du nun wie Du schreibst am Samstag nach hier kommen, möchte ich Dich dringend bitten, dass Deinerseits schuldende Geld mitzubringen, im Nichtfalle ich leider nichts unversucht kann lassen zu unserem Gelde zu kommen, denn es dürfte Dir doch tatsächlich bekannt sein, dass wir einen derartigen Verlust unter gar keinen Umständen tragen werden.

Wie Du nun weiter angibst, sind Deine Arbeitskameraden ja prima Kumpels, so das es Dir möglich würde, das fehlende Geld bei ihnen aufzutreiben, bezw. Deine neue Wirtin wird es Dir vorstrecken, da Du ja dort auch rückwirkend zahlen kannst. Der schuldende Betrag ist Dir ja bekannt wie folgt:

```
        8o.oo DM + 15.oo DM Restmiete = 95.oo DM
zuzüglich                               2.oo DM Cigaretten
                                        o.22 DM Briefmarken
                                        2.oo DM 2 blaue Anzüge gewaschen
                                        o.5o DM Hemden u. Taschentücher gew
                                       ─────────
                                       99.72 DM
        abzüglich                       3.oo DM Arbeitslohn
                                       ─────────
        bleibt Rest                    96.72 DM
```

für deren Erledigung wir Dich dringend bitten, bis Samstag.

Freundliche Grüsse !

Bei einem Wochenendbesuch bei Hanenbergs in Essen haben Schwester und Schwager gesagt, wenn es in Wildenrath mit der Montage mal zu Ende gehen sollte, würden sie mich in Essen (nach 1948) zum zweiten Mal aufnehmen. Obgleich die Familie sich um zwei Personen vergrößert hatte! Am 10. Juli 1950 wurde meine Nichte Ursula geboren und am 31. März 1952 mein Neffe Peter.

Die Anzeichen dafür, dass die Baustelle auf dem Nato-Flugplatz Wildenrath bald beendet sein würden, konnte man daran erkennen, dass im Kölner Raum ansässige Kollegen schon abgezogen worden waren.
Auch hatte man selbst über den Stand der Arbeiten eine gewisse Übersicht.
Insgeheim aber freute ich mich darauf, vielleicht schon bald in Essen zu sein und dort in meinem Beruf arbeiten zu können.
Aber noch war es nicht soweit, noch musste ich morgens zusammen mit den anderen den Fußmarsch zum Flugplatz antreten. Unser Weg von Myhl zur Baustelle führte an der Rollbahn vorbei, die nicht betreten werden durfte. Eine enorme Abkürzung kam uns zugute, wenn wir einfach das Rollfeld überquerten! Dann hieß es aber zu schauen, im wahrsten Sinne des Wortes
„ob die Luft auch rein ist".

Der Zeitpunkt des Abschiedes kam am 29. Juli 1952. Mir wurde gekündigt, weil die Arbeiten hier fast beendet waren. Eine Wiedereinstellung bei besserer Auftragslage sagte man mir zu.
Die wirklich schöne Zeit bei Firma Weber zusammen mit den Arbeitskollegen Michel (war unser Obermonteur), Hans, Hubert, Mecki und Hermann war zu Ende.
Ich fuhr freudig und voller Optimismus gen Essen-Ruhr zum Beyweg 10 und hoffte auf eine gute Zukunft!
Die Arbeitssuche hatte relativ schnell Erfolg. Am 14. August 1952 konnte ich bei der Heizungsfirma Rudolf Schäfer in Essen-Süd, Wandastraße 11 als Monteur anfangen. Als Mitinhaber der Firma war der Schwager von Herrn Schäfer, Eugen Lehmkühler, als Buchhalter tätig. Das Büro befand sich in dessen Wohnung in der Saarbrückerstraße.

Die Werkstatt der Firma, oder mehr ein Lagerraum, befand sich wiederum in einer anderen Straße, in der Schinkelstraße, welche eigentlich eine reine „Wohnstraße" war. Alle Straßen gehörten zu Essen-Süd.

Nach einem Vorstellungsgespräch am 13.08. musste ich am nächsten Morgen um 8 Uhr an meiner ersten Baustelle in Essen-Rellinghausen sein. Ich war pünktlich da und wartete schon eine ganze Weile über die Zeit, als ein Dreirad-Auto angefahren kam mit dessen Besitzer Herrn Lascheck und meinem Chef R. Schäfer. Auf der Ladefläche des Tempo waren mein zukünftiges Werkzeug nebst Schweißgarnitur, Montagebock, Material Rohr usw. und ein „Lehrling", Heinz Fetha. Da Herr Lascheck auch Touren für einen Fischhändler fuhr, roch alles noch nach Nordsee!

Herr Schäfer selbst besaß keinen Führerschein und Sohn Wolfgang ging noch zur Schule. Die Firma hatte es in ihrem bisherigen zweijährigen Bestehen noch nicht zu einem Auto gebracht.

Wir luden alles ab, trugen das Werkzeug in das Erdgeschoss eines im Rohbau fertigen Hauses und fuhren dann weiter zu einer anderen Baustelle der Firma, um von dort noch Kleinmaterialien wie Schweißbogen usw. zu holen.

Hier erwartete mich eine große Überraschung.

Willi Blase, ein wunderbarer Kollege aus meiner Zeit im Oktober 1948 bei der Firma Hartmann in Essen, vier Jahre älter als ich, damals bei Hartmann schon als leitender Monteur eingesetzt, tauchte auf! Zuerst war ich baff und dachte, Firma Schäfer und Firma Hartmann würden zusammen arbeiten. „Hallo", sagte ich zu ihm. „Kennst Du mich noch?" Er überlegte einen Moment und sagte dann: „Ach ja, Momme mein Sohn von Nis Randers." Wir haben gelacht und ich hörte, dass er auch vor einigen

Wochen bei Firma Schäfer angefangen sei, denn Firma Hartmann gab es nicht mehr.

Aus diesem Wiedersehen wurden viele Jahre Arbeitskameradschaft und auch Freundschaft.

Schwager Hans Gerd hatte mittlerweile seine Elektro-Meister-Prüfung bestanden und war bei RWE jetzt in gehobener Stellung tätig. Innerhalb des RWE-Konzerns gab es den Bootsverein RAWA Essen, mit einem grossen Gelände nebst „Bootshaus" am schönen Baldeney-See, welcher von der Ruhr durchflossen wird. Ein grosses Kraftwerk innerhalb der gewaltigen Staumauer sorgt für zusätzliche Energiegewinnung.

Im Bootshaus waren begrenzte Schlafmöglichkeiten vorhanden, aber über den gesamten Sommer hatten die Mitglieder des Vereins (gleichzeitig auch RWEler) auf den großen Rasenflächen ihre Zelte aufgestellt und hielten sich hier mit Kind und Kegel, zumindest übers Wochenende, auf.

Ich konnte dann im Gebäude übernachten und am regen Vereinsleben teilnehmen. Das schönste Freizeiterlebnis waren die Paddelfahrten im Kajak Einer oder Zweier auf dem See und der Ruhr!

Ein Wehr musste überwunden werden!

Auch wurden vom Verein Ausflugsfahrten im Lkw ins Münsterland unternommen und hier auf Ems und dem Nebenarm der Ems, der Werse, gepaddelt. In der Nähe Münsters führte der Lauf der hier noch kleinen jungfräulichen Ems sogar unter der riesigen Brücke des Dortmund-Ems-Kanals hindurch, auf dem Schiffe fuhren.
Es waren unvergessliche und auch erholsame Stunden! Meine Schwester Anne-Lise konnte wegen der kleinen Kinder nicht an allen Fahrten teilnehmen, so dass ich dann mit meinem Schwager „in einem Boot" saß. Aber das Leben der Kinder war von Anfang an auf „Bootshaus-Zelt-Wassersport-Kameradschaft" ausgerichtet.

Auf gesellschaftliche Unternehmungen brauchten Hans Gerd und Anne-Lise nicht verzichten, denn Onkel Momme war ja da! Mit einem guten Buch fühlte ich mich auch in der kleinen Wohnung wohl und auf ihren Baby-Sitter konnten sie sich verlassen. Nichte Ursula (2 Jahre und mein Patenkind) und Neffe Peter (½ Jahr) waren immer sehr lieb!
Die Arbeit bei der Firma Schäfer ließ sich gut an, ich hatte Freude an der Arbeit und war bestrebt, mein Können zu beweisen! Eine gute Änderung für die Firma trat nach einigen Wochen ein. Herr Schäfer wechselte den Fuhrunternehmer und ab sofort transportierte die Firma Nußbaum und Sohn mit einem „anständigen Auto" für uns.
Als Monteurkollegen waren beschäftigt Willi Base und Artur Steinhövel und als Lehrlinge Karl Heinz Graute, Heinrich Schäfer (Neffe des Chefs) und Karl Heinz Fehta, welcher mit mir zusammen arbeitete.
Im Büro arbeitete neben Mitinhaber Lehmkühler der Buchhalter Alex Vollmer. Alex brachte uns jeden Freitag zum Feierabend unseren Wochenlohn nebst Lohnstreifen vorbei. Mein Stundenlohn betrug 2,18 DM!

Der Aufbau der Bundesrepublik hatte mittlerweile Fuß gefasst und wir hatten einen sicheren Arbeitsplatz. Es lagen jetzt in Essen eine Reihe von Jahren als Heizungsmonteur vor mir. Ich war am 25. Februar 22 Jahre alt geworden und hatte in den Jahren, seit ich aus meiner Heimat Bredstedt fortgegangen war, mehr oder weniger auf unsicherem Boden gelebt.

Ich bemühte mich darum, irgendwo ein Zimmer zu mieten, da es in der kleinen Wohnung „Am Beyweg 10" doch zu eng wurde und auch für die Familie Hanenberg ein Wohnungswechsel in einen Mehrfamilienneubau anstand! Ich wurde fündig bei Familie Behme in der Brauerstraße. Zwischen beiden Wohnungen lag ein Fußweg von 10 Mi-nuten, was sehr günstig war, denn Einhüten war noch weiterhin angesagt.

Mein Zimmer bei Behme wurde mir schon nach kurzer Zeit verleidet. Kam ich müde von der Arbeit nach Hause, um noch etwas auszuruhen, hatte Frau Behme mein Zimmer besetzt und bügelte! Das war nicht sehr lustig! Nach einer Ruhestunde suchte ich oft am Abend noch ein Lokal auf, um zu essen, denn nicht immer ließ es sich einrichten, gleich nach Feierabend einzukehren.

So suchte ich weiter nach einem Zimmer und bekam dann eines im Gehrberg 60 in Essen-Ost bei Frau Massmann. Das Haus hatte wohl eine Zentralheizung, aber aus Sparsamkeitsgründen blieb die AUS und ich musste mein Zimmer mit einem Steinkohleofen heizen!

Es war nicht besonders angenehm, abends in ein kaltes Zimmer zu kommen, während am frühen Morgen immer noch etwas Wärme spürbar war. Es war aber doch gegen Behmes eine Verbesserung! Mit einem kleinen Tauchsieder (von Bredstedt mitgebracht) machte ich morgens Wasser heiß und bereitete mir einen Kaffee mit einem Pulver, genannt „Caro Instant".

Meine Einkäufe tätigte ich immer auf dem Heimweg von der Arbeit und meine Körperwäsche hatte ich schon auf der Baustelle vorgenommen, indem ich im Sommer einen Wasserschlauch hoch gehängt habe, um darunter stehen zu können und im Winter geschah die „Reinigung" über einem Wassereimer, in dem das Wasser vorher vom Lehrling mit einem großen Schweißbrenner angewärmt worden war. Der Eimer war natürlich aus Metall, denn Kunststoffeimer hätten die Prozedur nicht vertragen.
Der mit mir arbeitende Lehrling Heinz Fetha machte inzwischen seine Gesellenprüfung und ich bekam einen Heizungshelfer, Helmut Vorrat, welcher neu bei Firma Schäfer anfing. Über mehrere Jahre blieben wir ein Gespann!

Im Sommer 1954 waren wir damit beschäftigt, zusammen mit anderen Kollegen der Firma Schäfer in einem Sechsfamilien-Neubau sechs Zentralheizungsanlagen zu installieren. Sogenannte Etagenheizungen, in der jede Wohnung in der Küche den eigenen kohlebefeuerten Heizkessel hatte. In dem unserem Neubau gegenüberstehenden Haus in der Sedanstraße Nr. 6 war ein junges Mädchen beschäftigt, welches mir sehr gefiel! Jeden Morgen kam sie an ein großes Blumenfenster, um dieselben zu versorgen. Meine Annahme, auch ich wäre IHR aufgefallen, trog nicht! Zusammen mit meinen Arbeitskollegen beschrieben wir eine Blechtafel und darauf bat ich um ein Stelldichein. Die Tafel hielten wir aus der Fensteröffnung und ihr Einverständnis sollte sie mit einem Kopfnicken signalisieren!
MARIANNE UHLENDAHL, bei der Familie Johänning als Haustochter beschäftigt, kam zum vereinbarten Treffpunkt an einer in der Nähe befindlichen Fußgängerbrücke über eine Eisenbahntrasse.

Unsere Beziehung wurde gefestigt durch einen Glücksfall, bei dem ich mein erstes „Schwarzgeld" verdienen konnte. Albert Johänning betrieb einen Großhandel in Spirituosen und hatte vor, in seinem Haus ein Lokal einzurichten. Dafür waren natürlich größere Umbauten erforderlich und ich sollte dort die Zentralheizungsanlage ändern und vergrößern! Eines Tages waren sie fertig und wurden eingeweiht: Die HANNEN – STUBEN.

Das verdiente Geld konnten wir sehr gut gebrauchen, denn die Planung für unsere Zukunft hatte schon begonnen und Formen angenommen. Bei meinen zukünftigen Schwiegereltern, ANNA und HEINRICH UHLENDAHL in Essen-Steele-Horst, Dahlhauserstraße 142, hatte ich mich schon mit einem Blumenstrauß vorgestellt.
Jetzt wurden auch die Hannen-Stuben für uns von der Firma Schäfer immer mehr zu einem Treffpunkt am Feierabend. Wie ich bereits zuvor erwähnte, brachte uns unser Buchhalter Alex Vollmer freitags immer unseren Lohn auf die Baustellen und dann hieß es immer: „Wo treffen wir uns zu einer Ochsenschwanzsuppe?"
Oft wurde es ein langer Abend, bei dem ich meistens als Erster das „Handtuch" warf. Vor allem, wenn wir uns einen Knobelbecher geben ließen, um Runden auszuknobeln. Wer verliert: „zahlt"!
Momme verschwand dann oft still und heimlich!

Oft holte ich Marianne jetzt direkt in der Sedanstraße ab oder hielt mich auch dort auf, denn sie war auch mit für die Bedienung von Gästen, in der Küche für Kleinigkeiten und fürs Bierzapfen zuständig.
Um 7 Uhr begann morgens meine Arbeit bei Firma Schäfer. Hatte ich eine länger dauernde „Baustelle", fuhr ich

morgens direkt dorthin, überwiegend mit der Straßenbahn, aber im weiteren Umkreis auch mit dem Bus. Man brauchte nie lange zu warten bis Bahn oder Bus kamen. Die Zeiten waren so dicht gestaffelt, dass ein eigenes Auto purer Luxus war! Dass dafür das Geld natürlich auch nicht reichte, ist eine andere Sache.

Aber öfter musste ich auch morgens an der Werkstatt sein und wartete dann auf Herrn Schäfer. Wie zuvor beschrieben, war unser Lagerraum in einer Wohnstraße in einem Privathaus untergebracht! Während des Wartens kamen dann aus den Nachbarhäusern Bewohner heraus und stiegen in ihre Autos (überwiegend VW-S) und fuhren davon. Dann „wirbelten" meine Gedanken! Die 25 hatte ich fast erreicht und ich fragte mich, wie es mit mir weitergehen solle? Irgendwann meine Meisterprüfung zu machen oder zumindest zu versuchen, hatte ich mir schon vorgenommen!

Als ich in der Schubertstraße ein Mehrfamilienhaus als leitender Monteur mit einer Zentralheizungsanlage versah, saßen wir Handwerker zu den Pausenzeiten mit in der Maurerbude. Der Polier sagte, dass er im Moment die Meisterschule besuchte, ich sagte: „Das habe ich auch mal vor!" Ich sagte zu mir selber: „Du sagst immer nur, dass du es auch mal willst, aber du tust es nicht!"
Spontan lieh ich mir von einem Handwerker ein Fahrrad und fuhr zur KREISHANDWERKERSCHAFT und meldete mich für den nächsten MEISTERKURSUS an!
Im Winterhalbjahr 1956/57 begann der allgemeintheoretische Kursus in Buchführung-Schriftverkehr-Steuerrecht usw. Nach den Sommerferien 1957 sollte dann in Düs-Seldorf der eigentliche Meisterkurs beginnen bis zum Herbst 1959 in einer Berufsschule in der Färberstaße.

Zunächst ging das Leben noch ohne Schule weiter und im Sommer 1955 haben Marianne und ich unseren ersten Urlaub angetreten: für 7 Tage ins Sauerland nach Feudingen, genau gesagt ins Wittgensteiner Land. Und 1956 den zweiten gleich hinterher, wieder ins schöne Sauerland nach Isingheim bei Eslohe „mittendrin" im Urlaubsland!
Dieser Urlaub war insofern etwas besonderes, konnten wir doch im ca. 30 Kilometer entfernten Ort Meggen, bei Lennestadt gelegen, einen lieben Freund aus meinen Kindertagen in Bredstedt besuchen, Heiner Schmidt.
Heiner hatte bei Mathias Petersen in der Osterstraße Schlachter gelernt.
So wie ich, hatte auch er seinen Weg gemacht und war in einer Schlachterei in Meggen als Schlachtermeister in leitender Position tätig! Seine Adresse hatte ich per Zufall erhalten und so kamen wir dort unangemeldet an! Die Freude auf beiden Seiten war groß und wir schwelgten in Erinnerungen!

Sein Elternhaus, das Bahnwärterhäuschen beim Bahnübergang an der Drelsdorferstraße, im Süden Bredstedts gelegen, war ein Anziehungspunkt für uns Kinder aus der nahe gelegenen Husumerstraße gewesen. Zum einen, wenn sein Vater die Schranken runter kurbelte, um

Zügen zwischen Hamburg und Westerland freie Fahrt zu garantieren und dann die im Stall nebenan gehaltenen und von seinem Vater gezüchteten Riesen-Kaninchen!
Noch zu erwähnen ist auf jeden Fall, dass Heiner Schmidt einer der besten Feldhandballspieler in Bredstedt war und diese Sportart auch in Meggen mit Erfolg betrieb.

Eine große Heizungsfirma in Essen, Bechem und Post, suchte per Anzeigen Monteure. Ich bekam Lust, mal bei einer größeren Firma zu arbeiten und bewarb mich! So fing ich am 31.10.1956 dort als Heizungsmonteur an, versehen mit einem guten Zeugnis von Firma Schäfer.
Hier musste ich aber gleich in die GEWERKSCHAFT eintreten! Das wurde mir unmissverständlich vom Obermonteur Heinrich Burmeister, Betriebsratsvorsitzender, genannt „Der ROTE", u. a. wegen seiner rötlichen Haare, angeraten!

Eingesetzt wurde ich an vielfältigsten Montagearbeiten: Erweiterung der Zentralheizungsanlage im aufgestockten C und A-Gebäude in Essen, am Neubau des Kraftwerkes EMSCHER, gelegen am Rhein-Herne-Kanal, Montage von Dampfanlagen im Gussstahlwerk Witten und als Highlight in SCHALKSMÜHLE im SAUERLAND die Heizungsanlagen in zwei Einfamilienhäuser einzubauen! Für die Zeit wohnten mein Helfer und ich in einem Gasthaus, hierfür bekamen wir eine Extra-Vergütung, die sogenannte Auslösung, bezahlt.

RUDOLF SCHÄFER G.M.B.H., ESSEN
ZENTRALHEIZUNGEN / ROHRLEITUNGSBAU

Fernruf 31787
Bankkonto:
Bankverein Westdeutschland,
Filiale Essen, Konto-Nr. 8421
Postscheckkonto: Essen 72389

ESSEN,
Wandastraße 8 u. 11

Ihr Zeichen	Ihr Schreiben vom	Mein Zeichen	Tag
		Schä/V.	30. Oktober 1956

Betrifft:

Z e u g n i s .

Herr Momme L u n d e l i u s , geb.25.2.1930 in Bredstedt/Husum, wohnhaft
in Essen-Bergerhausen, Gehrberg 60, war in der Zeit vom 14.8.52 bis zum
heutigen Tage bei uns als Heizungsmonteur tätig.-

Während dieser Zeit hat er in wachsendem Umfange die verschiedensten Arte
von Heizungsanlagen (Warmwasser-, Niederdruckdampf- und Pumpen-Heizungen)
selbständig nach Angabe bzw. Zeichnungen ausgeführt.-

Mit seinen Leistungen und seiner Führung waren wir stets sehr zufriede:
Wir haben ihn daher vorwiegend dort eingesetzt, wo die Arbeiten besond·
Umsicht oder Sachkenntnis erforderten.-

Zwischenzeitlich hatte L. Gelegenheit, an Kursen für Heizungsbauer-Mei
teilzunehmen.-

Herr Lundelius scheidet bei uns auf eigenen Wunsch aus, und wir wünsch
ihm für die Zukunft alles Gute.

Meine Schwiegereltern in „Spe" hatten mittlerweile keine Einwände mehr gegen die Verbindung ihrer katholischen Tochter mit einem evangelischen Mann! So luden wir für den 28. April 1957, am 26. Geburtstag von Marianne, zur Verlobung nach Essen-Steele-Horst, Dahlhauserstraße ein. Es wurde nur im familiären Kreis gefeiert. Aus Essen Mariannes Verwandtschaft und meine Schwester Anne-Lise und Schwager Hans Gerd. Aus Bredstedt war nur meine Mutter mit der Bundesbahn angereist!

Anfang Mai 57 haben wir, Marianne und ich, meine Mutter zurück nach Bredstedt begleitet, um dort zum einen meine Verlobte vorzustellen und auch etwas Urlaub zu machen. Marianne war noch nicht im „Norden" gewesen und hatte somit auch die NORDSEE noch nicht gesehen und kennen gelernt! So haben wir dann eine Halligrundfahrt mit dem Postboot eingeplant.

Bongsiel a. d. Nordsee (Schleswig-Holstein)

Mehrere Male in der Woche befuhr das Postboot der Deutschen Bundespost die Halligroute und lieferte die für die Halligen bestimmte Post und Paketzusendungen aus. Es war bekannt, dass auf dem Schiff Plätze für einige Mitreisende zur Verfügung standen. So haben wir uns nach dem nächsten Termin erkundigt und bekamen die Auskunft: „Sie können morgen die Halligtour mitmachen." Wir mussten am nächsten Morgen um sieben Uhr am Postamt in der Bahnhofstraße sein. Von hier ging es mit einem Postauto, in dem mehrere Sitzplätze waren, Richtung Bongsiel-Hafen. Unterwegs wurden schon verschiedene Sendungen abgeliefert, so z. B. auf der Fedderswarft hinter Ockholm. Es war am Morgen regnerisch und unfreundlich. Außer uns fand sich am Morgen ein Handwerker ein, der auf Gröde einige Elektroarbeiten auszuführen hatte.

Am Hafen in Bongsiel empfing uns auf dem kleinen Postboot der Bootsführer (Kapitän) Erich Mathiessen. Nachdem Pakete und sonstiges zu Lieferndes in der Mitte des Bootes gestapelt waren, wurde bei auflaufendem Wasser abgelegt und Kurs auf die erste Hallig „GRÖDE" genommen. An den Längsseiten des Bootes waren Sitzgelegenheiten. Wir saßen praktisch hinter dem am Ruder stehenden Schiffsführer. Als Dach eine „Persenning". In Gröde, bei schon höherem Wasserstand der Nordsee, gingen wir mit Postboten und Erich sowie dem Elektriker zu den Warften. Der Handwerker blieb dort und wir anderen gingen die mehreren hundert Meter zum Schiff zurück.

Erich Mathiessen hatte schon den Himmel kritisch beäugt und meinte mit Blick auf die Schaumkronen: „Wir kriegen Sturm!" An der Nordspitze von Langeness bei der Bandixwarft, genau westlich von Gröde gelegen, wurde nur kurz angehalten und die Post abgegeben. Von dort Kurs fast nordöstlich nach Oland. Mittlerweile Sturm von West auf unsere Breitseite! Oland erreichten wir wohlbehalten und gingen mit in den Krug, wo man sehr überrascht war, dass bei diesem Wetter Gäste mitkamen! Wir haben hier etwas gegessen und die Post war mittlerweile verteilt. Meine Marianne sträubte sich, wieder mit zurück zu fahren, aber auch ich hatte Bedenken! Doch es musste ja sein und so fuhren wir los, versehen mit „guten Wünschen" Richtung Bongsiel. Das kleine Boot war von Gischt umhüllt und ging von einem Wellental ins nächste!! Glück hatten wir insofern: Wir fuhren genau in Richtung Ost und hatten den Sturmwind von hinten! Es wurde kein Wort gesprochen, aber beruhigend auf uns einreden musste Erich Mathiessen schon: „Wir haben auch Angst, aber zeigen es nicht."

Endlich war es geschafft, Bongsiel erreicht, aber anlegen, wie sonst üblich, ging nicht! So manövrierte Erich so gut es ging, möglichst nahe an den Deich und von dort wurden wir „huckepack" an Land getragen! Jetzt ging es für uns aber freudig in den Krug zu Thamsens, denn hier wollte mein Vater uns mit dem Auto abholen. In Bredstedt hatte man sich große Sorgen gemacht.
So lernte Marianne noch gleich die wunderbaren Menschen kennen, vor allem RASMUS THAMSEN, den Vater meines Jugendfreundes Lauritz. Sein Großvater, von dem er den Vornamen Lauritz hatte, war ein Freund des berühmten Flensburger Luftschiffbauers HUGO ECKENER, der engster Mitarbeiter des Grafen ZEPPELIN war! Er kam oft zu Besuch und schrieb für seinen Freund Lauritz: Een Löögengeschicht „Datt swatte Peerd"

Da ich Raucher war und mittlerweile von Virginia Zigaretten auf „Milde Sorte" umgestiegen war, auch bekannt als Orient Zigaretten, fragte ich Rasmus, kernig und gerade auf einem Stuhl zwischen Tresen und Stammtisch sitzend: „Herr Thamsen, hem se Orient Zigaretten?" Antwortete er: „Gaa man achtern Butendiek, door hess du Orient genoog!" Aber da kamen wir ja gerade her und waren der „Mordsee" entkommen!

Meine kleine Firma Schäfer vermisste ich immer mehr! Die Kameradschaft dort und die Wertschätzung konnte man bei meiner jetzigen Firma nicht erleben! Als ich per Zufall meinen lieben Kollegen und Freund, Willi Blase traf, klagte ich ihm mein Leid.
Prompt kam von Herrn Schäfer das Angebot, wieder bei ihm anzufangen, was ich auch sofort annahm. Am 21.10.1957 war ich wieder ein „glücklicher Monteur" bei der Firma Rudolf Schäfer.

Hier hatte sich im vergangenen Jahr nichts geändert und Helmut Vorrat wurde wieder Arbeitskollege und „Helfer".

Nach den Sommerferien im Jahre 1957 begann für mich der fachtheoretische Teil des Meisterkurses in Düsseldorf. An einem Mittwoch waren die Absolventen eingeladen und wir lernten unseren Dozenten Dipl.-Ing. Arthur Buntenbach kennen.

Jetzt ging es darum, die Anwesenden „Meisterschüler" in zwei Klassen einzuteilen! Es wurden wegen der Vielzahl der Anmeldungen zwei Parallelkurse benötigt! Ich habe mich für den Kursus am Sonntag entschieden, weil ich am Mittwoch zu viele Arbeitsstunden versäumt hätte.

Bei der Vorstellung mit Namen und Adresse erfuhr ich, dass zwei weitere Essener anwesend waren: Manfred Blumensaat und Alwis Olbricht. Ein glücklicher Umstand ergab sich: Alwis war schon als Montageinspektor bei einer Heizungsfirma in Essen-Werden tätig und besaß ein Auto! Manfred war wie ich Monteur und beschäftigt bei einer Firma Moohaupt. Er bot uns an, uns in Zukunft mitzunehmen. So standen wir jeden Sonntagmorgen an der Hatzperstraße und Alwis nahm uns von dort mit. Andernfalls musste man, um pünktlich in Düsseldorf an der Schule zu sein, früh mit dem Zug anreisen und vorher die Abfahrtzeiten der Straßenbahn berücksichtigen.

Es entwickelte sich eine Freundschaft, auch über die Schule hinaus, vor allem zwischen Manfred und mir. Das in der Schule Gehörte und Gelernte arbeiteten wir zusammen auf, indem Manfred zu mir in meine „Stube" in den Gehrberg 60 kam und in der nächsten Woche ich zu ihm. Er wohnte bei seinen Eltern in der Straße „Am Parkfriedhof", was nicht sehr weit von mir entfernt war.

Die zunehmende Kenntnis von „Wärmetechnik" im Allgemeinen: Berechnung des Wärmebedarfs, Rohrnetzbe-

rechnung, Berechnungsformeln usw. machte einen selbstbewusster! Es passierte schon mal, dass ich in Arbeiten, die der Chef ja berechnet hatte, eigene Ideen einfließen ließ und Änderungen eigenmächtig vornahm! Das gefiel dem „Rudolf" nicht so und er sagte mal: „Das lernt man nicht in der Meisterschule!"
Mein Ziel war ja jetzt klar abgesteckt und wenn ich die Prüfung bestehen sollte, stellte ich mir vor, in einem technischen Büro zu arbeiten!
Aber erst mal wollten wir unsere Familienplanung weiter betreiben und das hieß: Standesamtlich heiraten, damit wir in der Stadt Essen als wohnungssuchende Familie registriert waren.

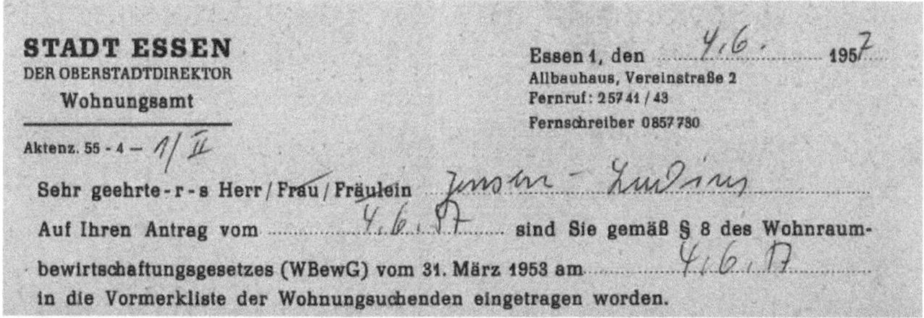

STADT ESSEN
DER OBERSTADTDIREKTOR
Wohnungsamt

Essen 1, den 4.6. 1957
Allbauhaus, Vereinstraße 2
Fernruf: 257 41 / 43
Fernschreiber 0857 780

Aktenz. 55 - 4 — 1/II

Sehr geehrte-r-s Herr / Frau / Fräulein Janßen - Ludwig

Auf Ihren Antrag vom 4.6.57 sind Sie gemäß § 8 des Wohnraumbewirtschaftungsgesetzes (WBewG) vom 31. März 1953 am 4.6.57 in die Vormerkliste der Wohnungsuchenden eingetragen worden.

Vorher musste Marianne leider bei Johänning kündigen, weil die Belastung für sie durch Haushalt und Lokal zu viel wurde und der Verdienst dafür zu gering. So trat sie eine Stelle in der Fabrik Opti an und wechselte später in die dazugehörende Firma Matheissen. Zuerst hatte sie mit Reißverschlüssen zu tun und danach mit Knöpfen. Für uns war der zusätzliche Verdienst sehr wichtig.
Am 19. Juli 1958 heirateten wir dann im Standesamt Essen-Steele. Trauzeugen waren Mariannes Vater Heinrich Uhlendahl und mein Schwager Hans Gerd Hanenberg, welcher uns danach mit seinem VW zu einem schönen Lokal fuhr, wo wir vier dann unser HOCHZEITS-MAHL zu uns genommen haben.

Ich war natürlich noch nach wie vor Selbstversorger, aß aber sehr oft bei meiner Schwiegermutter in „Horst", dies vor allem sonntags, wenn ich von der Schule in Düsseldorf zurück kam. Aber sonst war für uns beide am Abend Trennung angesagt! Ich bin zum Gehrberg zurück und Marianne blieb zu Haus, denn sie wohnte ja jetzt wieder bei ihren Eltern.

Wir Arbeitskollegen von der Firma Schäfer pflegten auch privat z. T. einen freundschaftlichen Umgang, wie man auch auf den nachfolgenden „Impressionen" sehen kann. Unsere Treffen nach der Lohnzahlung am Freitag in irgendeinem Lokal wurden möglichst beibehalten, aber wie schon erwähnt: Momme verschwand meistens als Erster, ohne den Ruf eines GEIZIGEN zu erhalten!

Ausflug der Fa. Schäfer an AHR und MOSEL 1955
Abfahrt zu dieser „verrückten" Tour mit Lieferwagen von der Fa. Nußbaum

Stimmt die Richtung? Auf der Hinfahrt wurde auch einmal der Nürburgring umrundet!

ANKUNFT
Das Bier hat seine Wirkung nicht verfehlt. Quietsch – vergnügt!

In Zell an der Mosel eine Nacht auf den „Moselwiesen" haben wir hinter uns!

Eine Bootsfahrt auf der Mosel! Zwei Mutige: Momme und Arthur Steinhövel trauten sich, über die Mosel zu schwimmen! Enorme Strömung.

Unser „Steuermann" Heini Schäfer ist 1,95 m. Der Fotograf hat das nicht berücksichtigt.

Es kam der Zeitpunkt, als unser Kind sich anmeldete! Keine Wohnung und ein Kind unterwegs? Wir hörten von der Stadt Essen nichts und auch bei Nachfragen gab es nichts Positives. Wir studierten die Angebote in der Zeitung und meine Schwiegermutter Anna fand etwas Ansprechendes.Sie gab uns gleich Bescheid.

Ich fuhr sofort dorthin und stand am 20.03.1959 vor der Haustür des Einfamilienhauses der Familie Twiehoff in Essen-Haarzopf, Isegrimweg 22.

Wir waren glücklich und konnten nun beruhigt die kirchliche Hochzeit „angehen", die wir für den 21. März 1959 in der katholischen Pfarr- und Wallfahrtskirche in Neviges-Hardenberg angemeldet hatten.
Wir wurden zusammen mit drei weiteren Paaren getraut und zwar von Pater Paulus Schumacher.
Als ich Pater Paulus fragte, was ich zu geben hätte, sagte er mir: „Geben Sie dem Bruder an der Kasse etwas und an seinem Gesicht können sie dann sehen, ob er zufrieden ist!" Ich gab dem Bruder zwanzig Deutsche Mark!

Am Abend haben wir im kleinsten Kreis bei Hanenbergs in ihrer Wohnung in der Werderstraße ein bisschen gefeiert. Von dem, was wir am wenigsten hatten, „Geld", brauchten wir nicht viel auszugeben!
Mein Stundenlohn bei Firma Schäfer betrug Drei Mark Dreißig.

Jetzt hieß es erst mal „unsere" Wohnung in Augenschein nehmen, alles auszumessen und zu überlegen, was wir brauchen und wie wir es aufstellen! Da es im Obergeschoss war, gab es Dachschrägen, die zu berücksichtigen waren. Für die „Wohnküche" ein Herd, ein Hängeschrank, eine Eckbank und Tisch mit Stuhl. Für das „Wohnschlafzimmer" eine ausziehbare Doppel-Schlaf-Couch, in Rüster ein Wohn-Kleiderschrank und ein höhenverstellbarer Couchtisch, sowie eine Anrichte und zwei Cocktail-Sessel. Dazu noch einige unerlässliche Kleinigkeiten, aber vor allem ein Bett für unsere am 19.07.1959 geborene BETTINA!

Mittlerweile hatte ich gut 1,5 Jahre, einschließlich der Schulferien, Meisterschule hinter mir. Weiterhin haben Mitschüler Manfred und ich unser Erlerntes zu Hause aufgearbeitet, trotz der etwas weiteren Entfernung zueinander. Um möglichst zügig gleich nach Beendigung der Schule zur Prüfung zu gelangen, habe ich mich bei dem zuständigen Obermeister Andreas Stiller vorgestellt. Ich bekam die vorgeschriebenen Anmeldeformulare und die Auflage, möglichst bald die Berechnungsunterlagen für den Meisterbau einzureichen. Herr Schäfer, mein Chef, machte noch keine Anstalten mir hier behilflich zu sein! Ich erwähnte das und Herr Stiller bot mir an, eine Meisteranlage in einem ihrer Neubauten zu bauen! Darüber habe ich mich natürlich sehr gefreut und die Zeichnungen gleich mit nach Hause genommen, um die Berechnung der Heizkörper, die Dimensionen der Rohrleitungen und die Materialzusammenstellung herzustellen und einzureichen.

Um den Neubau ausführen zu können, habe ich bei meiner Firma einen unbezahlten Urlaub genommen. Ich hatte als Hilfe einen Lehrling von der Firma Stiller.

Der Neubau war in Essen-Bredeney und nicht so weit von unserer Wohnung in Haarzopf, so dass ich öfter Besuch bekam und Marianne und Bettina etwas „Leckeres" mitbrachten. Mein Freund und Kollege Manfred und auch Alwis Olbricht hatten Zeit und noch nichts unternommen! Aber wie gesagt:

„Jeder ist seines Glückes – Schmied!"

Die Arbeit an dem MEISTERBAU hat mir sehr viel Spaß gemacht und ich habe mir große Mühe gegeben! Die Mühe hat sich gelohnt, meine Arbeit wurde „wohlwollend" abgenommen, aber natürlich noch nicht benotet.

Nach Fertigstellung der Neuanlage bekam ich einen Termin, in der Werkstatt der Innung unter Aufsicht ein „Meisterstück" zu fertigen, welches ich bei der Prüfung vorzeigen musste.

Ich habe mich entschlossen, einen ROHRHEIZKÖRPER zu bauen. Besser gesagt, ein Rohrregister, sechslagig aus 1 ½ Zoll = 48 mm Durchmesser. Hier kam es vor allem auf die Einschweißung der Lagen in die Kopfstücke an und neben der Maßhaltigkeit auf die Qualität der Schweiß-nähte.

Alle erforderlichen Anträge und Unterlagen einschließlich Polizeilichem Führungszeugnis aus Bredstedt gingen an die Handwerkskammer Düsseldorf.

Es erfolgte die Einladung zur Meisterprüfung für den 2. und 3. Oktober 1959 in die Handwerkskammer Düsseldorf. An beiden Tagen fuhr ich mit dem Überlandbus von der Haltestelle Hatzperstraße aus (hier holte uns Alwis am Sonntagmorgen auch immer ab) über Kettwig-Heiligenhaus nach Düsseldorf.

An beiden Tagen ging es mir nicht besonders gut!
Erst als alles überstanden war und wir Prüflinge nach der Prüfung zusammen mit der Prüfungskommission einige Biere zu uns genommen hatten und ich im Bus Richtung Essen fuhr, „hätte ich die ganze Welt umarmen können!" Es war schon ein tolles Gefühl, als Marianne mich zu Hause im Isegrimmweg fragte: „Hast Du bestanden?", und ich mit „Ja" antworten konnte.

MEISTERPRÜFUNGSZEUGNIS

Herr Momme Lundelius

zu __Essen__ geb. am __25.2.1930__ in __Bredstedt__

hat am __3. Oktober 1959__ vor dem unterzeichneten Prüfungsausschuß die Meisterprüfung

im __Zentralheizungs- und Lüftungsbauer -__ -Handwerk

entsprechend den Vorschriften der §§ 41 ff der Handwerksordnung vom 17. September 1953 bestanden und damit nachgewiesen, daß er befähigt ist, einen Handwerksbetrieb selbständig zu führen und Lehrlinge ordnungsgemäß anzuleiten.

Die Prüfung hatte folgende Ergebnisse (§ 13 der Meisterprüfungsordnung):

HAUPTTEIL I
Praktische Kenntnisse und Fertigkeiten: *gut*

HAUPTTEIL II
Fachtheoretische Kenntnisse: *befriedigend*

HAUPTTEIL III
Allgemeintheoretische, kaufmännische, rechtskundliche u. berufserzieherische Kenntnisse: *ausreichend*

GESAMTERGEBNIS:

befriedigend

Der Inhaber des Zeugnisses ist nach Maßgabe der Handwerksordnung vom 17. 9. 1953 berechtigt, den Meistertitel zu führen (§ 46), sich als selbständiger Handwerker in die Handwerksrolle eintragen zu lassen (§§ 1 und 7) und nach Vollendung des 24. Lebensjahres Lehrlinge anzuleiten (§ 18).

DÜSSELDORF, DEN _____ 3. Oktober _____ 19 59

DER MEISTERPRÜFUNGSAUSSCHUSS FÜR DAS

Zentralheizungs- und Lüftungsbauer - -HANDWERK

BEI DER HANDWERKSKAMMER FÜR DEN REG.-BEZ. DÜSSELDORF

(Vorsitzender)

(Beisitzer)   (Beisitzer)

(Beisitzer)   (Beisitzer)

Beglaubigt:

DÜSSELDORF, DEN _____ 3. Oktober _____ 19 59

HANDWERKSKAMMER FÜR DEN REG.-BEZ. DÜSSELDORF
I. A.:

/59

Verlagsanstalt des Westd. Handwerks G. m. b. H., Dortmund

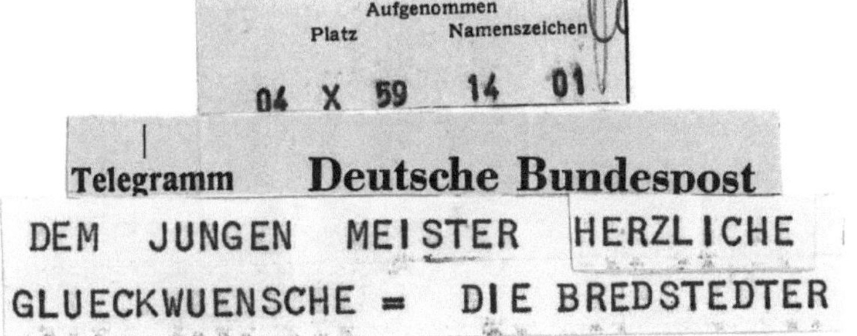

Da ich mich bis jetzt noch nicht darum gekümmert hatte, den Führerschein zu machen, war es nun an der Zeit!
So meldete ich mich postwendend bei untenstehendem Fahrlehrer an. Als ich noch im Jahre 1959 meine erste Bewerbung schrieb, hatte ich den Führerschein bereits in der Tasche! Geübt und erworben auf einem VW. Jetzt näherte sich auch die schöne Zeit bei der Firma Rudolf Schäfer ihrem Ende.

Josef Wessels · Essen

Meister des Kraftfahrzeughandwerks · Kraftfahrlehrer

Moderne Kraftwagenwerkstatt, speziell Opel, Präzisionsdreherei,
Kraftfahrschule aller Klassen der Verbrennungsmaschinen

Ruf 7 47 64
Postscheckkonto: Essen 392 83
Bankkonto
Städt. Sparkasse Essen 3090

Essen,
Brigittastraße 8

Herrn
Momme   L u n d e l i u s

E s s e n
Isegrimmweg 22

Rechnung

Betreff: Ihre Fahrschulausbildung Kl. 3	DM	₰
Grundgebühr	54	—
8 Übungsfahrten	138	24
1 Prüfungsfahrt	17	28
1 Formular für Straßenverkehrsamt	—	20
	209	72
./. Zahlung	154	—
	55	72

DM 12,-- Prüfungsgebühren

Nachdem mein Ziel, die Meisterprüfung, erreicht war, wollte ich den Aufstieg in meinem Leben, unserem Leben, dadurch fortsetzen, dass ich eine berufliche Änderung anstrebte. So wurde fleißig die Zeitung studiert. Ganz genaue Vorstellungen hatte ich natürlich nicht, aber eine Anzeige in der Westdeutschen Allgemeinen Zeitung interessierte mich. Die Firma Friedrich Krupp suchte zum baldigen Eintritt einen Heizungsfachmann für den Verkauf von Krupp-Kesseln, Heizungskessel mit zwei Brennkammern, eine für feste Brennstoffe und eine für flüssige bzw. gasförmige Brennstoffe.
Ich bewarb mich und wurde zur Vorstellung eingeladen in die Hauptverwaltung in Essen. Das Gespräch mit mir führte Dipl. Ing. Herr Dienst, ein Schweizer. Der Krupp-Kessel war ein Schweizer Fabrikat und wurde von Krupp in Lizenz hergestellt. Herr Dienst prüfte mich und stellte fest, dass mein Wissen für die Aufgabe, die mich erwartete, nicht ausreichte! Er schlug vor, erst im Kundendienst anzufangen, um mir das fehlende Wissen, vor allem in Regeltechnik, dort anzueignen. Ich nahm das Angebot an!
Ich wurde gebeten mich in Duisburg bei der Tochtergesellschaft „Krupp-Eisenhandel" in der Mühlheimerstraße, bei dem Leiter der Heizungsabteilung, Herrn Fittkau, zu melden. Der Kundendienst wurde von dort eingesetzt. Ich bekam dort einen Termin und harrte in der großen Eingangshalle, tief in einem Sessel versunken, der Dinge die auf mich zukamen. Herr Fittkau kam gemessenen Schrittes aus dem hinteren Bürobereich und wir unterhielten uns. So wurde ich eingestellt und sollte am zweiten Januar 1960 um 8 Uhr im Büro erscheinen. Hier wurde ich zuerst durch das Büro geführt und vorgestellt. Da mein Kundendienstfahrzeug, ein blauer VW Kastenwagen, noch nicht geliefert war, musste ich für

mehrere Tage mit meinem Kollegen Clemens Bierbüsse fahren. Zuständig im Büro war für uns Herr Küngler.

Clemens hat mich mit Reinigungsgeräten, wie Industriestaubsauger und Kesselbürsten, kleinem Werkzeugkasten, sowie Messgeräten bei dem Kunden abgesetzt, eingewiesen und verschwand mit dem Hinweis: „Ich habe was Wichtiges zu erledigen und hole Dich in zwei Stunden wieder ab!" Oft waren es große Wohnblocks mit mehreren Kesseln mit aufgeschweißten Warmwasserboilern, die auch entleert und gereinigt werden mussten!

Zum Abschluss der Wartungsarbeiten wurde der feuertechnische Wirkungsgrad des Ölbrenners gemessen. Stimmt der Luftüberschuss und damit des zur ordnungsgemäßen Verbrennung benötigtem Sauerstoffs und damit der höchstmögliche erreichbare CO_2 – Gehalt? Wenn nicht, wurde der Brenner von uns eingestellt.

Es war nicht unbedingt eine saubere Arbeit, wie ich sie mir eigentlich vorgestellt hatte!

Besser wurde es als mein Kundendienstauto geliefert wurde. Der VW, nicht als Kastenwagen sondern als Bus, somit auch für die Familie zu benutzen!

Die erste Alleinfahrt wurde fast ein Fiasko, denn auf einer großen Kreuzung zwischen Duisburg und Mühlheim/R musste ich an der Ampel halten und würgte beim Anfahren den Motor ab! Das gab ein großes Gehupe und irgendwann ging es wieder vorwärts. Jetzt bekam ich meine eigenen Aufträge, konnte meine Touren legen, wie ich es wollte und entsprechende Maßnahmen treffen, dass es nicht allzu „schmutzig" wurde. Unsere Aufträge, je nach Anforderung, bekamen wir morgens im Büro, denn mit Funk waren wir nicht ausgerüstet.

Zu der praktischen Arbeit wurden wir Kundendienstleute oft zu Weiterbildungen zusammengezogen, um ein hohes technisches Niveau zu erreichen.

So waren wir mehrere Tage in Berlin. Hier wurden in einer eigens dafür gebauten Fabrik die Kessel hergestellt und Forschung für neue Kesselprodukte betrieben.
Dann wurden wir zusammengezogen in Frankfurt/Main und in Stuttgart.
Mittlerweile war das Frühjahr 1961 da und mein Wissen reichte, um als Vertreter eingesetzt zu werden.
Hier wurde ich jetzt von dem in Düsseldorf wohnenden Vertreter A. Krause in seinem Pkw mitgenommen und eingearbeitet bei dem Besuch bei Heizungsfirmen, Architekten und auch private Bauherren.
Zurück zum Sommer 1960! Firma Krupp bzw. unser Direktor Herr Zawieja, erlaubte mir, mit dem firmeneigenen Kundendienstwagen mit meiner Familie nach Bredstedt in Schleswig-Holstein für einige Tage in Urlaub zu fahren.
Es war Anfang August und Bettina gerade ein Jahr alt. Ihr Kinderbettchen passte gut in meinen Kundendienstwagen hinein.

Bettina in Bredstedt
In Bredstedt hat sie im Vorgarten das „Laufen" gelernt!
Ab Frühjahr 1961 trat ein Umstand ein, der mich meiner Heimat Schleswig-Holstein näher brachte, obgleich ich mittlerweile nach 9 Jahren Essen-Ruhr nicht mehr so große Heimatgefühle hatte!

Wie bei Konzernen üblich wurden innerhalb von Firmen schon mal personelle Veränderungen vorgenommen, um zu erreichen, dass stagnierende Bereiche nach Vorne gebracht würden! Unser Direktor Herr Zawieja sollte den Krupp-Eisenhandel Hamburg als Direktor übernehmen. Herr Zawieja, privat wohnhaft in Düsseldorf, fragte mich, ob ich mit nach Hamburg kommen würde, denn für Schleswig-Holstein brauche man einen kompetenten Vertreter, vor allem, weil ich ja Land und Leute kennen würde!

Diese Frage stellte er mir nicht in unserer Firma, sondern wir trafen uns an einem Sonntagmorgen in einem Lokal der Rheinterrassen in Düsseldorf.

Ich sagte natürlich ohne zu zögern zu und wir haben dann alles Wichtige besprochen und den Termin festgelegt. *So trat ich dann am 01.07.1961 meinen Dienst in Hamburg an!*

Nun hieß es in Essen Abschied nehmen. Alle 14 Tage würden wir uns wiedersehen, die 14tägige Heimfahrt war mir gestattet worden.

Die Fahrt nach Hamburg und eine Übernachtung in einem Hotel am Bahnhof Altona hatte ich hinter mir, so dass ich am nächsten Morgen pünktlich im Büro des Krupp-Einsenhandel Hamburg, Ruhrstraße 108 sein konnte. Hier erwartete mich jetzt dasselbe Prozedere wie in Duisburg: ich wurde durch die Büros geführt und vorgestellt. Da ich noch keinen eigenen Pkw hatte, fuhr ich mit dem Vertreterkollegen Vollmer durch das mir bisher fast unbekannte Land Schleswig-Holstein, von Süd nach Nord und West nach Ost! Klaus führte mich bei Heizungsbauern und Architektenbüros ein und stellte mich als seinen Nachfolger vor. Flächendeckend hatte er das Gebiet nicht bereisen können, nur einige große und wichtige Firmen und Architekten besucht.

Erst als ich mein eigenes Auto hatte, lernte ich meine Heimat richtig kennen. Früher war ich ja aus Bredstedt kaum herausgekommen.

Nachdem Klaus mich nach der ersten Woche nun in Bredstedt abgesetzt hatte, alle 14 Tage schlief ich übers Wochenende nun bei meinen Eltern, bemühte ich mich um mein „allererstes" Vertreterauto. Für die Anschaffung gab mir die Firma ein zinsloses Darlehen. Mein Bruder Uwe vermittelte mir über einen Meister bei VW Carstens in Breklum einen gebrauchten VW in pastellblau, super!

Zur Eingewöhnung drehte ich gleich mehrere Runden um Bredstedt.

Meine Touren legte ich nun so: wenn ich im südlichen Teil Schleswig-Holsteins unterwegs war, übernachtete ich in Hotels und wenn ich im nördlichen Teil war, schlief ich bei meinen Eltern in Bredstedt. Möglichst musste ich mich einmal in der Woche im Büro in Hamburg sehen lassen, um Besonderheiten zu besprechen und mich mit dem Innendienstmann Peter Hintze auszutauschen. Peter war Lübecker.

Die erste Heimfahrt nach Essen mit dem „neuen Auto" war etwas Besonderes. Ins Ruhrgebiet ging es nur über die Autobahn Hannover-Bielefeld-Paderborn-Kamener Kreuz-Gladbeck.

Die Freude in Essen-Haarzopf war bei allen groß und Bettina konnte ihren Pappi auch schon drücken.

Aber am Montagmorgen hieß es dann wieder für 14 Tage Abschied nehmen!

Das Weihnachtsfest war in Sicht und ein längerer Aufenthalt bei der Familie sicher. Marianne war mittlerweile in Umständen und wir erwarteten unser zweites Kind im Frühjahr. Eine Wohnung im Norden hatten wir noch nicht in Aussicht! Auch mein Vater war nicht in der Lage, uns in Bredstedt eine Bleibe zu besorgen. Ich fragte ja auch bei

meinen Kunden an: „Wissen Sie nicht eine Wohnung für mich?" Aber bisher „Fehlanzeige!"
Es sollte für unsere Abteilung in einem Lokal eine Weihnachtsfeier geben. Frau Eggers, die Seele der Heizungsabteilung verfasste eine Zeitung, in der sie in Gedichtform jedem etwas zukommen ließ.
Mein Kollege Klaus Vollmer bekam ordentlich einen auf den DeckeL, weil er, der ja das Hamburger Gebiet bearbeitete, im Büro immer alles durcheinander wirbelte, sagte Frau Eggers: Ich war mit meinen Zeilen sehr zufrieden!

Momme Lundelius, der Name klingt wie Musik,
wir waren jedenfalls von demselben ganz entzückt.
Von Duisburg kam Herr L. vor nicht langer Zeit
zu uns, damit er die Krupp-Kessel vertreibt,
und bei seinem Fachwissen blieb der Erfolg nicht aus,
da liegt es drin, jedes Wochenende fährt er nach Haus.
Und weil man ihm in punkto Zeit nichts kann beweisen,
kann er auch mal länger als zwei Tage verreisen.
Ja, Vertreter müsste man werden,
da hätt man ein schönes Leben auf Erden.

Unser Abteilungsleiter Herr Brüggen, Frau Eggers und
Momme in angeregter Unterhaltung.
Nach der Weihnachtsfeier setzte ich mich in meinen VW
und war morgens in Essen.

Es zeigte sich immer mehr, dass mir die Zeit im Kundendienst große Vorteile gebracht hat. Immer wieder wurde
ich von Kunden (Firmen) zu Baustellen gebeten, um dort
nicht funktionierende Schaltungen zu überprüfen. Vor allem mit der Verdrahtung des ELTACO RELAIS kamen die
Elektriker nicht klar. Das Relais musste den Ölbrenner
abschalten, wenn die Tür für feste Brennstoffe geöffnet
wurde und darf erst nach Betätigung eines Druckknopfes
wieder in Betrieb gehen.
Auf jeden Fall konnte ich als Vertreter mit meinem Erfolg
bisher zufrieden sein, trotz meiner Kesselkonkurrenten
von Viessmann und Brötje!
Auch mein Einkommen stieg kontinuierlich an, es gab ein
Fixum und das weitere Einkommen ergab sich aus der
Provision für verkaufte Materialien und Heizkessel.

Für die Zeit vom 19. bis 22. Februar 1962 war ein Treffen der Kessel-Vertreter aus ganz Deutschland in Stuttgart anberaumt. Am 16.02.62 hatte ich einen Termin in dem Fischereiort Maasholm an der Schlei und zwar in der Villa eines hier wohnenden Direktors von der Firma Mercedes. Die Heizungsfirma Stütz aus Kappeln hatte mich um den Besuch an dem dort eingebauten Krupp-Kessel gebeten. Nach getaner Inspektionsarbeit saß ich mit dem Ehepaar am Nachmittag am Kaffeetisch bei netter Unterhaltung und leckerem Gebäck, mit weitem Blick auf die sich hier schon zu einem See vergrößernde Schlei.

Der Wind wurde stetig stärker und die Wellen mit den Schaumkronen obendrauf immer größer bei starkem Westwind. Wir saßen in anheimelnder Atmosphäre und genossen den Ausblick auf den stärker werdenden Sturm.

Es wurde beängstigend und ich musste noch die knapp 80 Kilometer nach Bredstedt hinter mich bringen, wo meine Eltern an diesem Tage ihren 39. HOCHZEITSTAG hatten.

Bei meiner Heimfahrt über Flensburg nach Bredstedt war es schon sehr früh und rasch dunkel geworden.

Die Feuerwehren waren schon überall im Einsatz und mussten umgestürzte Bäume von der Straße bergen!

Zum Teil musste ich Slalom fahren, um vorbei zu kommen. Zweige peitschten an die Wagenseiten.

Ich schaffte es nach Bredstedt und wir saßen danach mit dem befreundeten Ehepaar Julius Petersen und Frau zusammen und ließen uns den Grog schmecken!

An diesem Freitag wurde es natürlich etwas später, da ja auch das Wochenende folgte. Unsere Nachbarn „Julius und Miethe" mussten noch ein paar Häuser weiter, als wir uns verabschiedeten.

Wir wussten nicht, dass anderswo Menschen um ihr Leben kämpften, weil die Deiche brachen und Tiere zu Tausenden ertranken!
Die Halligen und die Nordseeküste hatten insofern Glück, dass der Wind von West auf Nordwest drehte und voll in die Elbe drückte. Hamburg bekam den Orkan in voller Stärke und die Deiche brachen. Es wurden 12000 Ha. Land überflutet und 300 Menschen verloren ihr Leben.
Und das alles in einer einzigen Nacht: vom 16. auf den 17. Februar 1962!
Am Montagmorgen fuhr ich dann nach Hamburg in unser Büro, um von dort aus mit meinem Vertreterkollegen Klaus Vollmer und Peter Hintze vom Innendienst zu einer Tagung nach Stuttgart zu fahren.
Die Autobahnausfahrt aus Hamburg Richtung Hannover war unter Wasser, so dass wir den Umweg über Lauenburg nehmen mussten, um über die Elbe zu kommen. So führte uns die Route über Lüneburg zur Autobahn nach Stuttgart.
Das Mitgefühl der Anwesenden mit uns Norddeutschen war groß.

Es näherte sich der Zeitpunkt der Geburt unserer zweiten Tochter. CHRISTIANE kam am 5. März 1962 auf die Welt. Zur Karnevalszeit, am Rosenmontag! Meine Schwester Anne-Lise aus Essen rief an: MUTTER und KIND wohlauf! Mein Freund und Meisterkollege Manfred Blumensaat hatte Marianne in das Knappschaftskrankenhaus gefahren, in dem auch schon unsere Bettina geboren wurde.

In der Kapelle des Krankenhauses erfolgte kurzfristig, zusammen mit weiteren Babys, die Taufe.
Als Taufpate mit Kerze mein Schwager Hans Gerd und als Taufpatin mit Christiane im Arm die Cousine meiner Frau Gisela Schüßler.
Da ich meine Vertretertätigkeit nicht kurzfristig unterbrechen konnte, konnte ich erst am darauf folgenden Wochenende Mutter und Kind begrüßen und umarmen.
Fleißig war ich weiter dabei, irgendwo eine Wohnung für uns zu bekommen.
NORTORF/HOLSTEIN, eine Kleinstadt zwischen Rendsburg und Neumünster gelegen, wurde von mir oft durchfahren. Einmal, weil die Europastraße 3 mitten durch den Ort führte und zum anderen, weil es dort die Heizungsfirma Strojny gab, die ich regelmäßig besuchte.
Auch hier: „Wissen Sie nicht eine Wohnung für mich?"
Herr Strojny wusste! Gehen Sie mal zu Herrn Furmanek, Breslauerstraße 8. Er vertritt die Hamburger Baugenossenschaft Henry Schlüter, die bauen ein Mehrfamilienhaus in der Kieler Straße. Ich war der erste Bewerber für eine Wohnung und konnte mir eine aussuchen!

Ich nahm die Dreieinhalb-Zimmer-Wohnung im dritten Stock.

Aber noch stand das Haus im Rohbau. Gerade in diesem Sommer hat es viel geregnet und dadurch hatten die Wände sich voll Wasser gesogen.

Wir bekamen Zeichnungen und konnten in Essen schon anfangen zu planen! Jetzt führte mein Weg, so oft es ging, zu unserer Wohnung in Nortorf.

Ich nahm Kontakt zu Maler Steffen und Gardinenfirma Eimo Hinrichs auf. Hier war natürlich nur ich gefordert, weil Marianne wegen des Kindes nicht mitkommen konnte.

Mittlerweile hatte ich mir einen fabrikneuen VW zugelegt! Wieder mit Krupphilfe. Die Fertigstellung der Wohnung war mir für den 1. September 1962 zugesagt worden. So wurde in Haarzopf am 31.08. der Möbelwagen beladen und Richtung Schleswig-Holstein geschickt. Wir fuhren mit dem PKW in der Nacht los und überholten den Möbelwagen hinter Hamburg. Christiane lag unter dem Fenster hinten in der vertieften Hutablage! Oma und Opa Uhlendahl fuhren auch mit. Als wir ankamen war unsere Wohnung zwar als Einzige fertig, aber noch voller Handwerker!! Hilfsbereite Menschen halfen uns und das Baby Christiane konnten wir in einem Zimmer des Gasthofes „Krohns Gasthaus" für diesen Tag unterbringen. Das Lokal lag auch in der Kielerstraße, so dass es bei ihrer Pflege keine Komplikationen gab. Mit Bettina, mittlerweile drei Jahre alt, war es da schon leichter. Die Möbel wurden in unsere Wohnung gebracht und der Lkw fuhr heimwärts nach Essen. Das Wichtigste, die Zentralheizung, war noch nicht fertig und wurde erst am ersten Oktober in Betrieb genommen!

Blick von unserem Wohnzimmerfenster nach Süden auf die Grundschule Nortorf im Winter 1962

Es begann für uns ein schwieriger, um nicht zu sagen ein „schlimmer" Monat September. Keine Heizung und daher auch kein fließend Warmwasser! Wir mussten dort, wo wir uns aufhielten, einen Heizlüfter einschalten.
Die Feuchtigkeit, die bedingt durch die vielen Regenfälle in diesem Sommer, in den Wänden saß, dampfte nach innen aus. Dazu kam, dass es im September schon sehr kalt war! Beide Kinder wurden krank und auch ich bekam eine Erkältung, dass ich in der Nacht vor Husten keine Luft mehr bekam! Ich musste dann auch für einige Zeit krank feiern.

Gott sei Dank: Unsere Mutti wurde nicht krank!

Welchen Arzt nehmen? Wir entschieden uns durch Empfehlung für Dr. OTTO KETELSEN und trafen die richtige Entscheidung. „Otto Doktor", wie Herr Ketelsen allgemein genannt wurde, hat uns sehr geholfen.

Aber auch die schwerste Zeit geht mal vorbei und mit dem Anfahren der Heizung ging es uns stetig besser. Auch wurden nach und nach weitere Wohnungen fertig und die Mieter zogen ein.

In der Zwischenzeit fanden wir uns auch in der Nortorfer Geschäftswelt zurecht und knüpften die ersten Bekanntschaften. So vor allem mit unseren Nachbarn im Haus Kielerstraße 15, Röschmanns, während wir in der Kielerstraße 15 a wohnten. Dieses Grundstück war davor Eigentum der „Röschmänner".

Weitere Nachbarn: Schlachterei Fuschera, dann ein kleiner „Tante Emma Laden" Kleberg und das Malergeschäft Sievers.

Damit unser Töchterchen Bettina ihren Keuchhusten los werde, empfahl uns Dr. Ketelsen den nächsten Urlaub auf der Insel Amrum zu planen.

Aber wohin auf Amrum? In welchen Ort? Dieses erfuhren wir weit weg von Nortorf und zwar in Niebüll.

Seit einiger Zeit besuchte ich dort hin und wieder den Bezirksschornsteinfegermeister Uwe Sönnichsen. Der Kontakt war entstanden durch meine Besuche bei einer Deezbüller Heizungsfirma.

Herr Sönnichsen wusste Rat, als ich unser Problem erzählte, denn gerade auf den Inseln kannte er sich aus. Er war ein Fachmann der Geschichte und Kultur Nordfrieslands und hielt, vor allem in den Sommermonaten, gut besuchte Vorträge auf den Inseln. Herr Sönnichsen empfahl uns Willem Peters in Nebel auf Amrum. Ein guter Rat! Angerufen und gleich gebucht: vom 27. Mai bis 12.Juni 1963, also in der Vorsaison, konnten wir unterkommen. Von Schlüttsiel aus, Bongsiel war mittlerweile als Hafen Geschichte, da durch Eindeichung der Hauke-Haien-Koog entstanden war, ging es voller Vorfreude mit der „Amrum" unter Kapitän Heinz Andresen nach Amrum.

Obgleich an der Nordseeküste in Bredstedt geboren, fuhr ich mit 33 Jahren das erste Mal dort hin!
Wir waren überwältigt von der Schönheit der Insel und waren in den sechziger Jahren jedes Jahr dort.
Ein paar Bildimpressionen müssen sein:

Bettina vor dem Friesenhaus Willem Peters und mit Mutti

Obwohl mir eine Wohnung für uns in Bredstedt eigentlich lieber gewesen wäre, erwies sich im Nachhinein für mich als Vertreter der Standort Nortorf als unbedingt richtig. Bei meinen Touren zu den Kunden von Nortorf aus stellte ich fest: Nortorf liegt in der Mitte Schleswig-Holsteins. Was später auch vermessungstechnisch festgestellt worden ist.

Aus allen Richtungen, vor allem aus Süd und Nord, konnte ich am Abend die Heimreise antreten und brauchte nicht in Hotels übernachten.

Auf der Insel Sylt gab es mehrere Heizungs- und Sanitärbetriebe und einige namhafte Architekten, welche auch von mir besucht werden mussten. So war vor allem die geschäftliche Verbindung zur Firma Knut Ohlhoff eine sehr gute.

Wenn diese Besuche anstanden, ließ ich mein Auto in Klanxbüll stehen und fuhr über den Hindenburgdamm mit dem Zug nach Westerland. Nach dem Sturm im Februar 1962 erlebten wir noch einen kalten Winter 1963.

Mehrere Wochen folgte eine Temperatur von wenigstens 10 Grad minus! Auf dem Nord-Ostsee-Kanal waren ganztägig zwischen Brunsbüttel und Kiel Eisbrecher unterwegs, damit die Schiffe durchkamen.

Auch die nördliche Wattseite des Dammes „gefror". Da ein Auflaufen des Wassers bei diesen Ostwinden nicht zu befürchten war, wurde etwas nördlich des Hindenburgdammes eine „Strecke" für Autos markiert.

Es war das erste Mal, dass ich meinen VW mit auf die Insel Sylt nehmen konnte, um Kundenbesuche zu machen und das ganz umsonst! Man fuhr nördlich von Klanxbüll, im Rickelsbüller Koog, über den Deich und kam auf Sylt nach ca. 11 Kilometern (so lang ist der Hindenburgdamm) im Munkkoog an. Nach getaner Arbeit und Verkaufsgesprächen, ging es zurück. Aber mittlerweile schon fast dunkel, wurde die Rückfahrt für mich eine Angstpartie! Ich hatte den Tankinhaltsanzeiger nicht beachtet und stellte jetzt während der Fahrt fest: Der Zeiger stand auf 0! Kein Licht eines anderen Autos zu sehen. Als schwebte ich in höchster Lebensgefahr, fuhr ich angstvoll weiter und schaffte es „Gott sei Dank" bis zur Tankstelle in Klanxbüll. Der angegebene Tankinhalt ging rein!

Doch noch im Jahre 1963 kam ich ein zweites Mal mit dem Wagen auf die Insel Sylt, aber diesmal mit dem Zug. In der Zwischenzeit hatte ich mir ein neues Auto zugelegt: einen gebrauchten Ford 17 M!

Mein oberster Boss und Chef, Dipl. Ing. Robert Lotz aus Essen/Ruhr, hatte sich über das Krupp-Büro in Hamburg-Altona angemeldet und ich musste ihn auf Sylt am Flugplatz abholen.

Wie im Laufe der Jahre schon vorher in mehreren Städten Schleswig-Holsteins, hatte ich diesmal auf der Insel Sylt in Westerland einen Vortrag organisiert. Herr Lotz war ein hochklassiger Fachmann in Wärmetechnik und Heizkesselbau und zu diesem Vortrag in einem guten Hotel waren alle Heizungsbauer und Architekten der Insel eingeladen.

Aber davor, im Laufe des Tages, hatte ich bei zwei der wichtigsten Architekten der Insel Besuchstermine vereinbart. Auf unserer Fahrt vom Flugplatz Richtung Keitum mussten wir halten, weil direkt vor uns ein Trauerzug zur St. Severinkirche die Straße überquerte. Herr Lotz, ein Manager vor dem wir alle „ein bisschen Angst" hatten, wurde sehr menschlich als er sagte: „Wenn man bedenkt, dass auch für uns irgendwann mal Schluss ist!"

Am nächsten Morgen brachte ich ihn wieder zum Flugzeug: Er flog nach Essen zurück und ich fuhr mit dem Autozug nach Niebüll.

Wie bei großen Industriefirmen üblich, wurden am Anfang jeden Jahres Verkaufszahlen erstellt, sogenannte Sollzahlen, deren Erreichung man möglichst erwartete. Die zu verkaufenden Kesselstückzahlen wurden von Januar an bis zum August kontinuierlich erhöht! Für mich nicht zu erreichen. In den ersten Jahren bei meiner Vertretertätigkeit hier im Norden, war man mir gegenüber noch sehr human und ließ mich in Ruhe arbeiten, bis schon mal aus der Zentrale mahnende Worte laut wurden!

Für die süddeutschen Kollegen war es kein Problem, die geforderten Zahlen zu erreichen, denn dort brummte die Wirtschaft. Also für mich: Stress pur!

Auf meine Bitte um Erhöhung meines Fixums sagte man: „Verkaufen Sie mehr, dann haben Sie bei Erreichung der Sollzahlen auch ein höheres Einkommen!"

So stellten sich bei mir Ängste ein, denn es wurde immer schwerer den Umsatz zu erhöhen, weil die Konkurrenz zunahm durch qualitativ gute Heizungskessel, wie CTC und Brötje und nicht zu vergessen Buderus!

Dann vergütete Firma Krupp nur 15 %! Die Firmen hatten aber die Möglichkeit, zusätzlich beim Finanzamt 4 % Umsatzsteuer geltend zu machen, weil der Krupp-Kessel in Berlin hergestellt wurde. Das waren dann immerhin 19 %, aber andere Hersteller gaben auf ihre Kessel bis 30 %!

Es kam für mich immer mehr die „Angst vor der Türklinke" hinzu. Auch weil mittlerweile unser zuständiger Innendienstmann in den Außendienst gewechselt war und der Neue kein vollwertiger Ersatz war.

Aber erst mal hatte ich mir mit Krupps Hilfe einen fabrikneuen Ford 17 M zugelegt. Die Kilometer im Jahr betrugen immerhin zwischen 25 und 35 000 Kilometer.

Eine Episode muss ich unbedingt erwähnen: In Lübeck war die Firma Aust und Co., eine von mir regelmäßig und gern besuchte Heizungsfirma. Mein Ansprechpartner war der Einkäufer Herr Stephan. Nach meiner Anmeldung musste ich neben weiteren Vertretern, denn die Firma Aust war eine der größten in Lübeck, auf einer langen Bank Platz nehmen. In diesem großen Raum saßen an Schreibtischen auch Mitarbeiter der Firma, durch eine Barriere von den Besuchern getrennt. Da kam aus einer Tür der Bü-roräume ein Mann und wollte an uns vorbei nach draus-sen gehen. Ich erkannte ihn sofort: Es war mein Lehr-herr Ricklef Schierholz. Ich stand auf und sagte: „Guten Tag, Herr Schierholz!" Er wusste mich nicht unterzubrin-gen. Ich sagte: „Ich bin Momme aus Bredstedt!" Da legte er seinen Arm um meine Schulter und rief in den Raum: „Das war mal mein Lehrling!"

Es war unglaublich, treffe ich nach 16 Jahren meinen Lehrherrn wieder. Er als Obermonteur bei Firma Aust be-schäftigt, seine Firma in Bredstedt musste er schließen, und ich als Vertreter. Draußen haben wir uns dann ausgetauscht und er lud mich nach Neustadt in seine Wohnung ein. Ricklef war zum zweiten Mal verheiratet.

Aus meinem Besuch in Neustadt wurde aber nichts.

Ich begann im Laufe des Jahres 1964 mich nach Prei-sen für im Heizungsbau benötigte Werkzeuge zu erkun-digen. Mein Vorsatz, mich selbständig zu machen, nahm konkrete Formen an. Gott sei Dank waren die Investi-tionen, was Werkzeug betraf, im Zentralheizungsbau nicht so hoch. Für den Anfang genügten ein Schweißgerät, diverse Kleinwerkzeuge, Schraubstöcke und natürlich eine Schlagbohrmaschine mit Widia-steinbohrer, um Löcher durch Wände zu bohren.

Technische Unterlagen waren zu beschaffen, vor allem von Firma Buderus und ganz wichtig: Preislisten. Aber Unterlagen der arrivierten Firmen bekam man nur, wenn der Beweis der zu erwartenden Selbständigkeit vorlag.

So habe ich mich bereits am 24.09.1964 in die Handwerksrolle eintragen lassen. Die Genehmigung der Handwerkskammer Flensburg kam mit der Bitte, mich mit dem Obermeister Heinrich Oldenburg in Büdelsdorf in Verbindung zu setzen.

Nach Erhalt der Handwerkskarte meldete ich am 1.4.65 meine beginnende Selbständigkeit als Zentral-Heizungs- und Lüftungsbau-Firma bei der Stadt Nortorf an.

Handwerkskammer Flensburg

Fernsprecher: 7573
Bankkonto: Stadtsparkasse Flensburg
Postscheckkonto: Hamburg 41672

Tagebuch-Nr. III L 4085/64 VI/Hö
(Bei Beantwortung wird um Angabe obiger Nummer gebeten)

Flensburg, den 24. Sept. 1964
Geschäftsstelle: Nikolaistraße 12
Sprechzeit 9—12.30 Uhr

Herrn
Momme Lundelius
Zentralheizungs- u. Lüftungsbauermeister

2353 Nortorf
Kieler Str. 15 a

Ihrem Antrag auf Eintragung in die Handwerksrolle als Inhaber eines Zentralheizungs- und Lüftungsbauer - Betriebes hat die Kammer entsprochen und die Eintragung gemäß § 7 Abs. 1 des Gesetzes zur Ordnung des Handwerks vom 17. 9. 1953 (Handwerksordnung) mit Wirkung vom heutigen Tage vorgenommen.

Gleichzeitig teilen wir Ihnen mit, daß der Obermeister der für Sie zuständigen Innung Herr Heinr. Oldenburg in 237 Büdelsdorf, Kaiserstr. 7, ist, bei dem Sie Ihre Innungsmitgliedschaft anmelden können.

Sie wollen nunmehr unter Vorlage der anliegenden Handwerkskarte bzw. dieses Bescheides Ihr Gewerbe gemäß § 14 GO. bei der zuständigen Ortspolizeibehörde anmelden.

Beiliegend erhalten Sie die Handwerkskarte.

~~Für die Ausstellung der Handwerkskarte wollen Sie ein Lichtbild in der Größe 4 x 6 zuvor einsenden~~

Für diesen Bescheid sind die unten aufgeführten Gebühren zu zahlen, die zuzüglich Porto durch die heutige Nachnahme erhoben werden.

Handwerkskammer Flensburg

Präsident

Hauptgeschäftsführer

Gebührenaufstellung
1. Gebühr für die Ausstellung der Handwerkskarte: 5,--
2. Grundbeitrag zur Handwerkskammer
   für das laufende Rechnungsjahr:

zusammen: DM 5,--

Aber erst einmal musste ich mich weiterhin für die Firma Friedrich Krupp ins Zeug legen!

Es lief alles seinen gewohnten Gang, aber mit dem Unterschied: ich brachte bei Kundenberatungen in der Nähe Nortorfs und bei Architekten schon meine zu erwartende Selbständigkeit ins Gespräch!

So bekam ich schon Gelegenheit, an meinem kleinen Schreibtisch im Wohnzimmer und mit Unterstützung meines mechanischen Papierrollenrechners und natürlich meiner winzigen Reiseschreibmaschine (störte durch ihr lautes Geratter unsere Nachbarin Frau Kraushaar sehr) Angebote zu erstellen. Für Architekt Lassen aus Eckernförde für die Neuanlage im historischen, reetgedeckten Pastorat in Sehestedt und für die Neuanlage im Neubau von Lehrer Sievers in Luhnstedt.

In beiden Fällen kam es auch nach mehrmaliger Nachrechnung zum Auftrag! Es hat mich natürlich riesig gefreut, dieses Vertrauen erhalten zu haben, da mein Bekanntheitsgrad ja gleich „0" war.

Eine gewisse psychologische Frage trat natürlich auf, indem man sich selbst Mut machen musste und sich fragte: Ist es richtig, einen sicheren Arbeitsplatz aufzugeben und sich in eine unsichere Selbständigkeit zu begeben?

Die Frage haben wir dann so beantwortet: „So viel, dass wir leben können, werde ich schon verdienen!"

Bei Krupp habe ich dann rechtzeitig gekündigt und wurde, weil ich noch Urlaub zu bekommen hatte, Anfang März 1965 freigestellt. Einen neuen Vertreter, also meinen Nachfolger, habe ich noch bei einigen der wichtigsten Firmen vorgestellt, das waren vor allem die Firmen Heinemann und Heermann in Rendsburg, in Flensburg Firma Asmussen und Sack und in Husum Firma Andreas Sönksen, der mir davor schon mal das Angebot gemacht hatte, seine Firma zu übernehmen. Herr Sönksen war schon im fortgeschrittenen Alter und hatte keinen Nachfolger. Ich habe das, vielleicht schade, abgelehnt, weil ich dann gleich ca. 10 Leute hätte führen müssen und dazu fühlte ich mich noch nicht reif und wollte meine Erfahrungen erst alleine sammeln.

Meine Vorbereitungen liefen, wie man so schön sagt, auf Hochtouren! Die für den Anfang benötigten Werkzeuge waren beschafft, jetzt ging es um ein Transportmittel, und zwar ums Auto. Die Firma Heinz Schmuck in Itzehoe, die ich regelmäßig besuchte und mit der ich einen freundschaftlichen Kontakt pflegte, hatte angeboten, mir ihren 750 kg-Tragkraft-Anhänger zu überlassen, und zwar erst einmal kostenlos!

Mein Ford 17 M bekam eine Anhängerkupplung verpasst und dieses Problem war gelöst. Auf den Hänger ließ sich ein Rohrgestell aufsetzen, auf dem Rohre transportiert werden konnten und auch das bekam ich gleich mit!

Jetzt kam auch die Wertigkeit unserer Freundschaft mit Telse und Christian Röschmann zur Geltung, denn Christian, gelernter Buchhalter und jetzt „Banker" in der Land-Verbands-Sparkasse in Nortorf, mittlerweile der zweite Mann hinter Direktor Stubenrauch, erklärte sich bereit, im ersten Jahr meiner Selbständigkeit die Bücher zu führen.

Ein weiteres Problem trat auf. Ich hatte bei meiner Firma Krupp den mir gewährten Kredit für den Neukauf meines Autos Anfang des Jahres zurückzuzahlen! Meine Finanzen waren erschöpft durch die vorher erwähnten Anschaffungen für die Selbständigkeit.

Also bat ich bei meinem Arbeitgeber um Stundung des Betrages, was mir nicht gewährt wurde!

Unsere Krupp-Kessel-Abteilung aus Hamburg war in der Zwischenzeit in die Krupp-Schellhass GmbH in Bremen eingegliedert worden.

Diese wiederum hatte eine Zweigniederlassung in Gnarrenburg – Niedersachsen, welche mit entsprechenden Lagerkapazitäten ausgerüstet war und für uns Vertreter im letzten Jahr „Anlaufpunkt" war. Aber für reine Heizungs- und Sanitärartikel war immer noch Krupp Hamburg zuständig.
Die Land-Verbands-Sparkasse Nortorf setzte Vertrauen in mich und meine Zukunft und überwies der Sparkasse Bremen den zu zahlenden Betrag.
Abgesichert durch meinen Ford 17 M.
Trotz dieses wohl aus Sicht von Krupp richtigen kaufmännischen Verhaltens, saß bei mir der Ärger darüber doch tief, vor allem wegen des fehlenden Vertrauens mir gegenüber.
Darüber musste ich mich hinwegsetzen, denn ich benötigte für meine erste Arbeit Materialien und so bekam ich meine „allererste" Materiallieferung für meinen allerersten Kunden: Lehrer Adolf Sievers aus Luhnstedt von der Firma Krupp aus Hamburg geliefert!

KRUPP-SCHELLHASS
GESELLSCHAFT MIT BESCHRÄNKTER HAFTUNG

Herrn
Momme Lundelius

2353 Nortorf
Kieler Str. 15 a

IHRE ZEICHEN	IHRE NACHRICHT VOM	UNSERE ZEICHEN	FERNRUF-DURCHWAHL 5092	28 BREMEN, POSTFACH 314
	4. 1. 1965	Schi/Kla.	/232	28. Januar 1965

Betreff

Darlehnsvertrag

Ihrer Bitte, das Ihnen gewährte Darlehen, welches unter der Voraussetzung
der Tilgung entsprechend der Vereinbarung zum 31.3.1965 noch DM 3.100,--
ausmachen wird, zu stunden, können wir leider nicht entsprechen.

Wir gehen hierbei davon aus, daß wir Ihnen zu Beginn Ihrer Betriebstätig-
keit bereits in Form von Warenkreditierung entgegenkommen werden müssen
und möchten das Obligo dann nicht durch das gebundene Darlehen noch erhöhen.

Wir glauben jedoch, daß es Ihnen durchaus möglich sein müßte, hier eine
Art Umschuldung durchzuführen, und zwar in der Form, daß Sie durch Beleihung
Ihres PKW FORD 17 M, Baujahr 1963, durch Ihre Bank die Schuld bei uns aus-
gleichen.

Wir sind also grundsätzlich bereit, Ihnen eine gewisse Anlaufshilfe durch
Warenlieferung auf Kreditbasis zu gewähren, andererseits wollen wir uns
aber auch hierbei auf dieses Gebiet beschränken.

Wir hoffen, daß Sie für unseren Standpunkt Verständnis aufbringen werden
und bitten Sie, bei Ihrer Finanzdisposition die rechtzeitige Abdeckung des
Darlehns schon heute berücksichtigen zu wollen.

K R U P P - S C H E L L H A S S
Gesellschaft mit beschränkter Haftung

BREMEN
Neuenlander Str. 35

FERNRUF
50921

FERNSCHREIBER
02 44 915

DRAHTWORT
kruppschellhass

BANKKONTEN:
Norddeutsche Kreditbank AG, Bremen, Nr. 4311
Bremer Bank, Bremen, Nr. 6318
Landeszentralbank Bremen, Nr. 21/8128
Die Sparkasse in Bremen, Bremen, Nr. 3652
Bremer Landesbank, Bremen, Nr. 2897

POSTSCHECKKONTO
Hamburg 47004

BAHNSTATION
Bremen-Neustadt-
Güterbahnhof

BAHNANSCHLUSSGLEIS
Bremen-Neustadt-
Güterbahnhof

ZWEIGNIEDERLASSUNGEN: GNARRENBURG UND WILHELMSHAVEN

Bevor ich nun die erste Zentralheizungsanlage als Selbständiger beginnen würde, waren noch einige vorbereitende Arbeiten auszuführen. Meine Garage als Werkstatt benutzend, habe ich aus Rohr und Winkeleisen einen Montagebock zusammengeschweißt, in den Maßen 0,8 m x 1,2 m x 0,8 m hoch. Gas und Sauerstoffflaschen konnte ich schon bei Firma L. Hanff in Neumünster beziehen und Kleinmengen an Rohr usw. bei Firma Willy Kiel in Nortorf.

Der Bock bekam eine Arbeitsplatte aus dicken Brettern und darauf wurden Schraubstock und Rohrschraubstock befestigt.

Eine Werkzeugkiste habe ich aus den Brettern einer Kartoffelkiste gezimmert und in einer Ecke der Garage entstand ein kleines Regal für Kleinmaterialien und an der Rückseite der Garage wurden übereinander zwei Bohlen als Lagermöglichkeit angebracht.

Mein Ford Taunus 17 M hatte gerade noch Platz. Wenn nicht, falls Materialien gelagert werden mussten, wurde er nebst Anhänger auf dem Hof unseres Mehrfamilienhauses abgestellt, sofern ich anderen Mietern nicht den Parkplatz wegnahm.

ES WAR ALLES GUT VORBEREITET!

Zusammen mit meiner Frau Marianne und den Töchtern
Bettina und Christiane konnte sich MOMME'S WEG in
eine „Neue Zukunft" fortsetzen.

Auch auf meine Frau Marianne wird in Zukunft eine
Mehrbelastung zukommen: Büroarbeiten, Telefondienst
etc.
Zur bisherigen Erziehung unserer Mädchen und den üb-
lichen „Hausfrauenarbeiten" wird sie dieses alles im
wahrsten Sinne des Wortes „meistern" müssen!
Alle Geschäftsvorgänge, Rechnungen, Quittungen, Lohn-
zettel usw. müssen in Zukunft gesammelt werden, um sie
dann im Nummernverzeichnis aufzulisten.

Am 22. März 1965 war es soweit: Wir nahmen auf dem
Neubau von Herrn Hans Adolf Sievers in Luhnstedt,
Dorfstraße Nr. 5 die Arbeit auf.
„Wir", das waren als mein erster Helfer mein Schwie-
gervater aus Essen an der Ruhr Heinrich Uhlendahl,
Rentner, 64 Jahre und ich. Auch meine Schwiegermutter

hatte mit ihm zusammen die Reise zu uns angetreten und machte sich bei ihrer Tochter und den Kindern im Haushalt nützlich.

Herr Sievers war Lehrer in Luhnstedt und bewohnte mit seiner Familie eine Wohnung im Schulgebäude. Diese erste Arbeit war für mich ein Glücksfall in vielerlei Hinsicht. Zuerst: ich war nur noch meinen Kunden verpflichtet und nicht noch dazu einem Konzern, der es einem nicht leicht machte! Es war ein ungeheures GLÜCKSGEFÜHL, sein eigener

C H E F   zu sein!

Dann die gegebene finanzielle Sicherheit bei „Sievers" und ein Umstand, der heute nicht mehr selbstverständlich ist: Mein Schwiegervater und ich wurden jeden Mittag von Frau Sievers in das Schulgebäude zum Essen eingeladen!

Wie schon erwähnt, wurde neben dem Kruppkessel von der Firma Krupp weiteres Material geliefert, und zwar Stahlheizkörper und 2000-Liter-Öltanks aus Stahlblech einschließlich Zubehör, aber Rohrleitungen bezog ich von Firma Möller aus Neumünster und den Ölbrenner von der Firma Weishaupt aus Kiel.

Verschiedentlich bin ich die 80 Kilometer nach Hamburg zur „alten Firma" gefahren, um mir dort verschiedene Kleinmaterialien in den Kofferraum zu packen und um auch den alten Kollegen einen Guten Tag zu sagen.

Als ich mal wieder dort war und einiges verstaute, kamen zufällig Herr Zawieja, der Direktor und Herr Brüggen, der Abteilungsleiter über den Hof gegangen und mussten an mir vorbei. Herr Brüggen konnte sich nicht verkneifen zu sagen: „Herr Lundelius, nun kaufen Sie aber nicht die ganze Firma leer!" Ich habe es natürlich mit Humor genommen.

Aber Fakt war: Ich merkte schnell, dass mein alter Arbeitgeber mir nicht immer die besten Einkaufsmöglichkeiten bot!

Momme Lundelius

Herrn

Heinrich Uhlendahl

43 Essen/Ruhr

Dahlhauserstr.142

2353 Nortorf (Holst.)

Telefon (043252) 965

Bankkonto:

Landverbands-Sparkasse Nortorf

Konto-Nr. 990

DEN 4.Juni 1965

Herr Uhlendahl für Aushilfsarbeiten im meiner
Firma vom 3.April bis zum 3o.April 1965

DM 2oo,oo

gezahlt.

Unterschrift-------

Der Krupp-Kessel, mittlerweile doch wegen seiner Qualität gut eingeführt und bekannt, wurde vorerst von mir noch offeriert und angeboten, sofern der Kunde einen Kessel mit 2 Brennkammern, für Öl und Festbrennstoffe, wünschte. Aber Buderus, in Kiel-Russee ansässig, wurde für mich als Lieferant immer mehr die Nr. 1. Da Guss als Werkstoff für Kessel und Heizkörper immer noch der große Renner war, wegen der großen Haltbarkeit, blieb es auch vorerst mein Hauptvorschlag. Zudem gab es für Gussartikel einen Sonderbonus und das machte für mich ca. 5 % zusätzlichen Verdienst aus.
Die Besuche von Vertretern anderer Firmen aus Kiel, Rendsburg, Neumünster und auch aus Hamburg mehrten sich, so dass für mich die Prämisse entstand: Im Einkauf liegt das Geschäft!

Die Arbeit bei Familie Sievers in ihrem Neubau war Ende April 1965 beendet und mein Helfer, Schwiegervater Heinrich, fuhr mit Frau Anna wieder nach Essen zurück. Die Anfragen häuften sich und die Mund-zu-Mund-Propaganda tat ein Übriges!
Meine Versuche, einen Heizungsmonteur zu bekommen, waren bisher fehlgeschlagen. So musste beim nächsten Kunden im Altenteilwohnhaus des Altbauern Hans Rohweder in Timmaspe erst mal mein Vater Paul Lundelius aus Bredstedt kommen, um mir beim Einbau einer Zentralheizungsanlage zu helfen. Anschließend half „Vati" noch beim Einbau einer Ölfeuerung bei dem Kunden Paul Kant in Westensee.

Momme Lundelius

Herrn

Paul Lundelius

Bredstedt K.Husum

Husumerstr.54

2353 Nortorf (Holst.)
Telefon (043252) 965
Bankkonto:
Landverbands-Sparkasse Nortorf
Konto-Nr. 990

DEN 4.Juni 1965

Herrn Lundelius für Aushilfsarbeiten in meiner
Firma vom 4.Mai bis zum 14.Mai 1965

DM 150,00

gezahlt.

Unterschrift:

Dann stellte sich bei mir Otto Brüggemann aus Bargstedt vor. Ich stellte ihn als Helfer ein, obgleich er noch nie im Heizungsbau gearbeitet hatte.
Einige Arbeiten hat er mit mir zusammen gemacht, so u. a. die Aufstockung des Bürogebäudes des Mühlenbetriebs Thomas Rathje in Wasbek. Dieser Auftrag war auch Ausgangspunkt langjähriger Freundschaften!

Als bekannte und anerkannte Großfirma als Mühlenbetrieb in der Landwirtschaft war die Firma Rathje Wegbereiter für weitere lukrative Aufträge im Raum Wasbek.
Gleich im Anschluss nach der Fertigstellung der Heizungsanlage im Bürohaus Rathje folgte der Einbau einer Rohr-Heizungsanlage in ein Treibhaus der Gärtnerei Staben in Wasbek.
Vorweg genommen: 1968 bekam ich den Auftrag zum Einbau der Heizungsanlage in das große Wohnhaus des Gutes Lebenau. Besitzer Heinrich Thomsen. Seine Frau Annegret war die Schwester von Peter Rathje, dem Inhaber der Firma Thomas Rathje.
„Eine gute Arbeit zahlt sich aus!"
Zunächst mussten die momentanen schwierigen Situationen gemeistert werden, um weitere, auch kleinere Aufträge, zu bearbeiten. Die Zusammenarbeit mit meinem Helfer Otto Brüggemann musste ich leider beenden.
Zuvor hatte ich die Verbindung zu Architekt Lassen in Eckernförde erwähnt. Hier bekam ich jetzt im Spätherbst 1965 den Auftrag zum Einbau einer kompletten Zentralheizungsanlage mit geschweißtem Heizöltank in das historische Pastorat Sehestedt direkt am Nordostseekanal gelegen. Die Arbeit in dem reetgedeckten Gebäude und das Ambiente der Umgebung waren Freude pur!
Hier hatte ich endlich einen Monteur aus Neumünster zur Hilfe bekommen, welcher mir durch die Firma Möller, bei der ich ab und zu kaufte, vermittelt worden war.
Im Dezember 1965 hatte ich ihn für mehrere Tage in Sehestedt alleine arbeiten lassen, damit ich selbst an einer anderen Baustelle tätig sein konnte. Leider war seine erbrachte Leistung nicht fachmännisch! Ich habe ihn dann noch vor Weihnachten entlassen, gab ihm aber doch noch ein kleines Weihnachtsgeld!

Im Jahre 1965 bekam ich auch einen lukrativen Auftrag von der Druckerei Friedrich Richter. Das ergab sich folgendermaßen: Ich tauchte im Büro der Firma auf und fragte, ob sie auch Firmenstempel herstellen würden? Ja. Ich gab meinen Text an und Fiete Richter fragte mich, ob ich mich selbständig machen wolle? Ja, seit 01.04.1965 sei ich selbständig. „Dann können Sie mir mal ein Angebot machen." Daraus wurde dann ein sehr „großer Auftrag"!

Die Ängste: Wird es gut gehen? Werde ich genug verdienen? waren längst verflogen. Von den vielen Anfragen konnte ich nur einen Teil Auftrag werden lassen! Auf die Frage: Wie hast du das alles geschafft?, gibt's nur die Antwort: ARBEIT – ARBEIT – ARBEIT und nochmals ARBEIT. Dann, wie bereits erwähnt: Die Freude am selbstständig sein!

Und die Freude resultierte wiederum daraus, dass der sich aufbauende Kundenstamm nur aus integeren und solventen Menschen bestand, welche nach Beendigung der Arbeiten sofort nach Rechnungslegung bezahlten.

Das hieß: Keine Geldsorgen! Jede Rechnung von den Lieferanten konnte mit Skonto bezahlt werden!

Die Bilanz für das Jahr 1965 wurde, als erste Arbeit für uns, vom Steuerbevollmächtigten Erich Kurczinski aufgestellt. Der Gesamtumsatz in den 9 Monaten betrug genau 115.517,08 Deutsche Mark. Der Reinerlös war 19.808,08 DM, dazu kam noch mein selbstverdienter Lohn.

Im Jahre 1966 ging für uns der Aufschwung weiter! Der erste Lehrling fing an, Klaus Harfst aus Schülp/Nortorf. Als Helfer stellte ich ein den gelernten Installateur Edwin Plaster und als Monteur Manfred Jahnke. Später kam ein weiterer, sehr guter Monteur hinzu: Siegfried Müller.

Der Kundenkreis wurde stetig größer. Vor allem aus der Landwirtschaft. Es gab noch sehr viele Bauernhäuser ohne Zentralheizung. Vom Staat gab es für die Landwirtschaft einen verlorenen Zuschuss von 25 %. Das Angebot des Handwerkers musste an die Landwirtschaftskammer geschickt werden und nach der Genehmigung konnten wir mit der Montage der Zentralheizungsanlage beginnen.

So war es auch auf dem Bauernhof von Otto Fink in Brammerau. Im Jahre 1967 musste der alte Hof in Brammer dem Neubau der Trasse der Bundesstraße 205 weichen und wurde an anderer Stelle wieder aufgebaut. In dem neuen Bauernhaus und dem gleichzeitig erstellten Altenteilwohnhaus habe ich von Anfang bis Ende mitgearbeitet. Als die Anlage im Altenteilwohnhaus fertiggestellt war und wir dieselbe mit Wasser befüllten, hatte ich zum fünften Mal das Glück, dass mein „SCHUTZENGEL" mich vor Schlimmerem bewahrte. Die Treppe im Haus vom Obergeschoss ins Erdgeschoss und vom Erdgeschoss in den Keller war noch nicht eingebaut. So benutzten wir vom Erdgeschoss in den Keller eine Leiter. Als ich mit dem Wasserschlauch über der Schulter nach der Befüllung der Anlage nach oben kam, trat ich hinter mich und ins Leere!

So fiel ich rückwärts wieder in den Keller und prallte auf den Betonboden. Frau Fink sah noch im letzten Moment das Schlauchende in den Keller rutschen und mich unten liegen. Sofort wurde Dr. Otto Ketelsen in Nortorf angerufen, der dann zusammen mit dem Krankenwagen kam. Ich kam wieder zu mir und wollte nicht ins Krankenhaus nach Rendsburg, aber „Otto Doktor", wie er genannt wurde, bestand darauf. Nach der Untersuchung durfte ich aber wieder nach Hause, nichts gebrochen, nur Stauchungen und eine leichte Gehirnerschütterung. Zu Hause erwartete man mich schon sehnsüchtig und alle waren glücklich, dass es so glimpflich abgegangen war.

Im Winterhalbjahr 1966 – 1967 machte ich das endlich wahr, was ich mir seit meinen Kindheitstagen und den Sommerferien auf dem Friesen-Bauernhof bei meinem Vetter Andreas in Horsbüll-Wange immer mal wieder vorgenommen hatte. Wenn ich es mir mal leisten könne, möchte ich die Jägerprüfung ablegen!

Andreas hatte Stalingrad überlebt und nach einigen Krankheiten auch die russische Gefangenschaft überstanden. Er kam 1950 wieder nach Hause und nahm die Arbeit auf seinem Hof wieder auf. Sein Bruder Ludwig musste den Hof verlassen und sich anderweitig umsehen

Ich hatte einen vorbereitenden Kurs zur Erlangung des Jagdscheines in Osterrönfeld besucht und die Schießprüfung auf dem Schießstand „Ludwigslust" in Hohenwestedt schon bestanden. Wir waren mal wieder nach Amrum gefahren, um einen früh gelegten Urlaub zu verbringen. So auch im Mai 1967. Just zu diesem Zeitpunkt war ich nach Beendigung des vorbereitenden Kurses zur mündlichen Prüfung eingeladen worden. Wieder nach Hohenwestedt, diesmal in das Lokal „Ludwigslust". Es war genau am 10. Mai 1967, an einem Mittwoch.
Herr Peters brachte mich zur Fähre nach Wittdün mit dem Auto, dann mit der Fähre nach Schlüttsiel und von dort mit unserem hier geparkten Pkw (mittlerweile mein erster Mercedes, 200 D) nach Hohenwestedt.
Die Prüfung mit Erfolg absolviert und danach zurück zur Wohnung in Nortorf und am Abend, für mich alleine, in Krohns Gasthof ein leckeres Bier genossen!
Am nächsten Morgen schnell zur Fähre in Schlüttsiel und mit der „Amrum" zurück nach Amrum und ab nach Ne-

bel. Töchterchen Bettina kam raus ans Taxi: „Hast Du bestanden?" „Ja, ich habe bestanden!" Zurück ins Haus und gerufen: „Er hat bestanden – er hat bestanden!"
Es war Lebensfreude pur! Abends im Ekke Nekkepenn war einen „ausgeben" angesagt!

Unsere Bettina links und Annette, Tochter von Kammersänger Hermann Prey.

Vom Notbehelf Garage als Werkstatt erfolgte nach einigen Monaten der Umzug in einen weiteren Notbehelf bei der Familie Frach im Lohkamp. Untere Tür ein kleiner Raum als Werkstatt (danach kam Frachs Garage) und auf dem Boden konnte ich meine Eisenrohre lagern.
Gottseidank benötigte ich diese Bleibe nur bis Mitte 66.
Dann ergab sich die Möglichkeit, die Werkstatt einer Malerfirma, welche aus Altersgründen aufhörte, zu mieten.
Immerhin bis zum Jahr 1970.

Frach   Maler Voss

Der ganz große Vorteil dieser Werkstatt in der Kielerstraße 20 war der, dass man von unserem Wohnzimmerfenster den Eingang der Werkstatt sehen konnte.
Das war sehr wichtig, wenn Anlieferungen von Lieferanten erwartet wurden und man dann schnell hinüber laufen konnte.
Hier hatte ich die Möglichkeit, an der linken Seite ein Rohrlager an der Außenwand anzubringen, an der rechten Außenwand eine Werkbank und in der Mitte war Platz für einen VW Lieferwagen, welcher bald gebraucht, angeschafft wurde. Mein Pkw mit Anhänger war natürlich auch weiterhin im Einsatz.

Mittlerweile hatte ich zwei Monteure, einen Helfer und zwei Lehrlinge als Mitarbeiter.
Es gab viel zu tun! Eine Neuanlage folgte der nächsten.

Hier sieht man meine Büroecke im Wohnzimmer. Bis in die Nacht klapperte hier meine Schreibmaschine! Aber mittlerweile eine Elektrische und auch der Rechner war moderner geworden! Es war mittlerweile 1968.

Leider konnten unsere beiden Mädchen Bettina und Christiane mich noch nicht unterstützen!

Herr Kurt Strojny gab mir den „Wohnungstipp" und jetzt waren wir Konkurrenten.

Weitere Firmen in Nortorf waren die Heizungsfirma Laackmann und zwei alteingesessene Sanitärfirmen: Max Schönwandt und Hans Schöttler. Letztere verwiesen schon mal bei Anfragen Kunden an mich.

Ich muss es nochmal erwähnen: Der Zustrom an Aufträgen war enorm und ein Kampf um „Dieselben" war noch nicht entbrannt, das kam erst viel später, als Heizungs- und Sanitärfirmen wie Pilze aus der Erde schossen. So hatte ich für meine Selbstständigkeit genau den richtigen Zeitpunkt gewählt und muss im Nachhinein der Firma Krupp dankbar sein, dass wir Vertreter sehr gefordert wurden und ich dadurch feststellte, dass ich zum Vertreter nicht geboren war!

Ein Auftrag aus dem Jahre 1969 ist noch erwähnenswert! Das letzte Teilstück der BAB A7 bei Neumünster sollte fertiggestellt werden. Von dem Hauptunternehmer, der Tiefbaufirma Heinrich Brandt aus Rendsburg, wurde ich zur Abgabe eines Angebotes für den Einbau einer Zentralheizungsanlage in die Rast- und Tankstelle Aalbek (Richtung Hamburg) mit Krupp-Kessel und für die Rast- und Tankstelle Brokenlande (Richtung Flensburg) mit Buderus-Kessel aufgefordert.
Den guten Auftrag erhielt ich als Subunternehmer. Beide Heizungsanlagen habe ich überwiegend zusammen mit einem Lehrling selbst erstellt.
Die Abrechnung erfolgte über die BAB-Verwaltung mit Sitz in Kiel. Bei der Abforderung einer a'-Kontozahlung für bisher gelieferte und montierte Materialien musste ich jedes Stück genau entsprechend der Positionsnummer des Angebotes auflisten; genauso musste ich beim Lohn verfahren, ein enormer Zeitaufwand. Bei kleinsten Abweichungen bekam man die Anforderung zurück.
Nach Auftragserteilung wurde die Aufstellung der Kalkulation in einem geschlossenen Umschlag verlangt. Diese auf der nächsten Seite folgende „Urkalkulation" bekam ich am 2.10.1981 im Originalumschlag zur meiner „Entlastung" von der Firma Heinrich Brandt zurück.

ZENTRALHEIZUNGSANLAGEN · ÖLFEUERUNGEN

Momme Lundelius

2353 Nortorf (Holst.)
Telefon (043252) 965
Bankkonten:
Landverbands-Sparkasse Nortorf, Nr. 990
Spar- und Leihkasse Nortorf, Nr. 655 X Westbank
DEN 22.Mai 1969

Betr:Kalkulation der zum Einbau kommenden Zentralheizungsanlagen
in den Tankstellen der Bundes-Autobahn.

Tankstelle Süd

Titel 1:Kessel mit Zubehör.	Material	Lohn
	3.840.85 DM	246.80 DM
Titel 2:Heizkörper m.Zubeh.	1.998.28 DM	915.60 DM
Titel 3:Rohrleitungen m.Z.	1.8o2.61 DM	941.oo DM

(Im Materialbetrag ist die Isolierung gesamt enthalten,da der
Betrag so von der Isolierfa.angeboten wurde.Auch der Auf=
schlag für Schweiß u.Dichtungsmaterial.)

Titel 4:Ölfeuerung.	1.o66.oo DM	5o.oo DM

(Lohn nur für Anbringen des Brenners,da Position 4 – 13
gestrichen sind)

Titel 5: Insgemein.	156.oo DM	
Tankstelle Nord	8.863.74 DM	2.153.4o DM
Titel 1:Kessel mit Zubehör.	6.397.47 DM	325.9o DM
Titel 2:Heizkörper m.Zubeh.	2.956.88 DM	1.264.4o DM
Titel 3:Rohrleitungen m.Z.	2.462.47 DM	1.299.8o DM

(Isolierung u.Aufschlag wie in Süd in Material enthalten)

Titel 4:Ölfeuerung.	1.o66.oo DM	5o.oo DM

(Lohn wie Süd)

Titel 5: Insgemein.	156.oo DM	
	13.o38.82 DM	2.94o.1o DM

Der kalkulierte Lohn gliedert sich auf in:
Monteur 1o.8o DM /Stunde
Helfer bzw.Lehrling 3.oo DM/Stunde, somit eine
Montagestunde 13.80 DM

R. 648/68

In Nortorf war mittlerweile ein Bebauungsplan Nr. 9 aufgestellt worden. Hier sollten Industriebetriebe angesiedelt werden. Ein Industriebetrieb war am Rande dieses Gebietes schon lange in Betrieb: Die Brückner-Werke. Hier wurden Kartoffeln und alle Arten von Gemüse verarbeitet. Auf diesem Areal standen auch die Kühltürme der Firma Teldec, die später demontiert wurden. Der Besitzer dieser Flächen war Ewald Köster, ehemalige Lederfabrik in Nortorf, aber jetzt unter den Fittichen der „Spar- und Leihkasse Nortorf".
Unser Steuerberater Erich Kurczinski gab den „Anstoß", mit Rechtsanwalt und Notar Holger Grebe Kontakt aufzunehmen und unser Interesse zu bekunden.
Wir waren die ersten Interessenten und konnten uns vom Gesamtareal die günstigste Ecke aussuchen.
Wir nahmen die äußerste Ecke, nach Nord-Ost gelegen, mit einem wunderbaren Blick in die Natur.
Zweitausendfünfhundert und sieben m² waren Ende 1968 unser Eigentum!

Auf dem Grundstück stand ein Wäldchen. An der Perepherie im Osten Nortorfs gelegen mit angrenzender Feldmark, war es ein beliebter Einstand von Rehwild. Die Vorbereitung für die Bebauung haben wir in Eigenleistung übernommen. Das hieß: Bäume absägen, die Stubben ausgraben, rausziehen und alles entsorgen.

Ostern 1969 konnten wir dann auf unserem eigenen Grund und Boden für unsere beiden Mädchen Bettina und Christiane die Ostereier verstecken. Es war ein unbeschreibliches Gefühl!
Die Tiefbaufirma Heinrich Brandt aus Rendsburg war schon dabei, die Industriestraße als Stichstraße mit Wendehammer herzustellen.
Vom damaligen Bürgermeister der Stadt Nortorf, Herrn Greve, hatte ich schon „grünes Licht" bekommen, dass ich mit dem Bau der Werkstatt beginnen könne.
Um dafür die Voraussetzungen zu schaffen, nahm ich mit dem Schachtmeister der Tiefbaufirma Brandt aus Rendsburg, Herrn Wiechmann, Kontakt auf, mit der Bitte, mir mit der anwesenden Planierraupe den Grundriss der

Werkstatt auszuschieben! Was dann auch, nach der Einigung, gemacht wurde, so dass die Firma Hans Wendt mit dem Bau der Fundamente beginnen konnte.

Die letzten Arbeiten vor dem Richtfest stehen an. Es warten: an Montagebock und Anhänger gelehnt: Manfred Janke und Siegfried Müller mit Lehrling Willi Kaufmann.

Am 13. April 1970 ist es soweit: Freunde und Bekannte bringen den Richtkranz!

Hans Jörn Sachau von der Baufirma Hans Wendt mit zwei Kollegen auf dem Dach hält den Trink- und Richtspruch: „Dass es der Firma Momme Lundelius allzeit gut gehe!"

Der Baubeginn des Wohnhauses ließ nicht lange auf sich warten. Meine Mitarbeiter und ich waren fleißig damit beschäftigt, neben den laufenden Montagen, den Rest der Tannen und Stubben vom Grundstück zu ent-fernen und bebau-bar zu machen. Es ging auch darum, die Abflussleitungen zu verlegen.

Mitgeholfen haben von links: Klaus Harfst, Manfred Janke, Siegfried Müller, Willi Kaufmann, Klaus Röschmann und Momme mit Christiane

Der Verlauf der Bauarbeiten wurde natürlich von Marianne im Bilde festgehalten und dokumentiert.

Bei relativ guten Wetterverhältnissen konnte Ende Oktober 1970 auch hier das Richtfest gefeiert werden! Da die Werkstatt inzwischen komplett fertiggestellt war, konnten wir hier das Richtfest in angemessenem Rahmen feiern.

Eine große Freude für jetzt und später war die gesicherte Finanzierung unseres Bauvorhabens! Durch gutes Wirtschaften wurde eine „dünne Eigenkapitaldecke" geschaffen und durch das rechtzeitige Abschließen eines Bausparvertrages bei der Iduna Bausparkasse lief alles in die richtigen Bahnen. Am 26. April 1971 zogen wir in das neue Haus ein und das Traumziel war erreicht!

Ich kann aber meinen „Weg" nicht beenden, ohne in der Geschichte zurück zu gehen, um meine Arbeit in der Innung zu schildern. Das Innungsleben ist ein wichtiger Bestandteil im Handwerkerleben und durch den Besuch der Versammlungen sollte man seine Solidarität mit den anderen Kollegen zeigen.
Als die Handwerkskammer am 24.09.1964 die Eintragung in die Handwerksrolle bestätigte, legte sie mir nahe, mich mit dem derzeitigen Obermeister, Heinrich Oldenburg, in Verbindung zu setzen.
Danach bekam ich natürlich regelmäßig die Einladungen zu den Innungsversammlungen. Am Anfang habe ich die Einladungen ignoriert, aber irgendwann wollte ich mich bei der Versammlung im Gebäude der Kreishandwerkerschaft am Thormannplatz in Rendsburg mal sehen lassen.
Auf die Tagesordnung der Einladung zur nächsten Mitgliederversammlung hatte ich nicht besonders geachtet, darauf stand nämlich „Neuwahl des gesamten Vorstandes". Wie üblich bei Wahlen heißt es meistens „Wiederwahl". Aber dieses Mal wurde für den Heizungsobmann, der gleichzeitig Meisterbeisitzer bei Gesellenprüfungen war, ein Stellvertreter benötigt Keiner meldete sich oder wurde vorgeschlagen! Obermeister Oldenburg sagte in meine Richtung: „Was ist mit unserem jungen Kollegen Lundelius?" „Was muss ich denn da machen?" war meine Gegenfrage. „Gar nichts.", sagte Heinrich. So sagte ich zu und wurde „einstimmig" gewählt. Ca. ein Jahr später, noch in der Kielerstraße, bevor ich hinüber zur Werkstatt gehe, wird noch ein Blick in die Zeitung geworfen. Ich sage zu meiner Frau Marianne: „Jetzt bin ich dran!" Auf der letzten Seite prangte die Todesanzeige von Wilhelm Sievers aus Hademarschen. Ich war sein Stellvertreter, wie oben

beschrieben, und rückte nun in den Innungsvorstand auf. Jetzt kam auf mich eine Mehrbelastung zu, dergestalt, dass in kurzen Abständen in Rendsburg im Lokal Weyershausen Vorstandssitzungen abgehalten wurden. Hieran nahm auch immer der Studiendirektor der gewerblichen Schulen, Claus Sass aus Rensburg teil (ehemaliger Hallenhandball-Nationalspieler).

Claus Sass war bei den Gesellenprüfungen immer der Vorsitzende der Prüfungskommission. Erst wurde immer in der Innungslehrwerkstatt die praktische Prüfung abgehalten. In der Werkstatt waren genügend Werkbänke und Schraubstöcke vorhanden, aber alles andere für die Prüfung: Schweißgerät mit Sauerstoff und Gasflaschen, Material, sowie Werkzeuge mussten die Firmen der Prüflinge anliefern.

Da ich in den Jahren bei mindestens zehn Lehrlingen von mir in der Prüfungskommission war, bin ich gleichzeitig mit dem Lieferwagen angereist und habe auch den Transport übernommen. Meine eigenen an der Prüfung teilnehmenden Lehrlinge durfte ich nicht benoten.

Erst einige Tage später fand für die Lehrlinge, welche die praktische Prüfung bestanden hatten, die mündliche Prüfung in der Kreishandwerkerschaft statt.

Es ist sicher nicht verwerflich, wenn ich sage, dass meine teilnehmenden Lehrlinge, wenn sie aufgepasst hatten, von mir auf die Prüfung eingestellt wurden. Auch konnten meine Jungs vor der Prüfung in der Werkstatt so viel Schweißen üben wie sie wollten!

In meiner 25jährigen Selbständigkeit habe ich 23 Lehrlinge ausgebildet. Davon haben nur zwei auch nach Prüfungswiederholung das Ziel nicht erreicht.

Weitere Belastungen durch meine Vorstandstätigkeit waren: Ich wurde von der Handwerkskammer immer wieder als Schaumeister eingesetzt, das bedeutet: Ich musste

Gesellen, welche die Meisterprüfung ablegen wollten, zu Hause aufsuchen, um zu überprüfen, ob die Berechnungen für den Meisterbau auch alleine hergestellt wurden. Ihre „Meistermontage" in einem Neubau musste zweimal von mir kontrolliert werden und ich musste bei der Endabnahme dabei sein.

Da mein Honorar für diese Tätigkeiten sowie das Kilometergeld „niedrigst" waren, habe ich nach einigen Jahren darum gebeten, einen anderen Schaumeister zu bestimmen. Es kam für mich noch ertragsmindernd hinzu: Ich musste meine Arbeit auf der Baustelle unterbrechen, denn ich war ja schließlich zumindest in den ersten Jahren meiner Selbständigkeit immer noch als mein eigener Monteur tätig.

In der von mir beschriebenen Zeit bestand in unserem Gewerbe Vollbeschäftigung. Aber Mitte der achtziger Jahre ging die Schere zwischen vorhandenen Zentralheizungsfirmen und vorhandenen Anfragen aus dem Kundenkreis weiter auseinander.

Mittlerweile waren in der Stadt Nortorf und Umgebung acht Firmen ansässig, die Zentralheizungen bauten und sanitäre Installationen machten. Der Kampf um Aufträge wurde härter, d. h. die Preise für Material und Arbeit mussten ständig nach unten korrigiert werden. Dazu kamen in unserem Bezirk auch immer wieder auswärtige Firmen zum Zuge.

Aber noch lief es für Hersteller und Großhandelsfirmen gut, so dass von daher immer wieder Einladungen an die Innung ergingen, um an Werksbesichtigungen teilzunehmen. Unsere, während meiner Zeit rührigen Obermeister Günter Schumacher-Walter Schlüter und Egon Tank, nahmen diese Chancen immer wieder wahr und organisierten die Fahrten. Mit von der Partie waren natürlich auch unsere Ehefrauen. Mit Fernreisebussen

ging es an verlängerten Wochenenden zu den Herstellern von Sanitär- und Heizungsartikeln, überwiegend in den Süden der Bundesrepublik.
Dass hier auch sehr „vergnügliche Stunden" vorgesehen waren, versteht sich von selbst!

Unsere Töchter Bettina und Christiane hatten mittlerweile ihren eigenen beruflichen Weg gefunden. Ich habe es sicherlich versäumt, vielleicht doch eine der Beiden für unseren Beruf zu interessieren, um die Firma später zu übernehmen und weiterzuführen. Bei entsprechender Ausbildung im kaufmännischen Bereich von Sanitär und Heizung wäre es ohne weiteres möglich gewesen. Überdies ist die Überlebenschance eines kleinen Familienbetriebes durchaus gegeben.
Aber diese Überlegungen hätten sich wahrscheinlich nicht gestellt, wenn uns nicht ein großes Unglück getroffen hätte! Unser am 11.04.1971 geborener Sohn Sönke starb kurz nach der Geburt! Nichts deutete vorher auf Unregelmäßigkeiten hin, es schien alles normal! Und trotzdem, es sollte nicht sein! Warum?

So war dann nach vielen Gesprächen der bei mir ausgebildete Robert Döbbel bereit, die Firma zu übernehmen.
Robert war dafür bestens geeignet, war er doch der bisher beste „Lehrling", der in meiner Firma eine Ausbildung absolviert hatte. Er hatte in den vergangenen Jahren schon seinen „Meister" in Heizung und Sanitär gemacht!
So wurde dann die Geschäftsübergabe für den 01.04. 1990 geplant und auch an diesem Tag durchgeführt. Um meinem Nachfolger den Einstieg zu erleichtern wurde die, zusammen mit dem Steuerberater, errechnete Summe für den Gesamtwert auf fünf Jahre umgelegt. Für diese Zeit wurden auch Werkstatt und Büro von der

Firma Döbbel benutzt. Mit der Übergabe meiner Firma schied ich automatisch aus der Innung aus. Um meine weitere Zugehörigkeit zur Innung möglich zu machen, wurde mir die Ehrenmitgliedschaft verliehen!

Ehrung für Lundelius

Egon Tanck wurde in der Mitgliederversammlung als Obermeister der Klempner-, Sanitär-, Zentralheizungs- und Lüftungsbauer-Innung einstimmig bestätigt. Auch sein Stellvertreter Peter Storm wurde in der Zusammenkunft im Rendsburger „Haus des Handwerks" wiedergewählt. Dem Innungsvorstand gehören außerdem Hermann Büch, Rudolf Bünz, Michael Heinemann, Wilhelm Giel, Erich Knospe und Werner Graumann sowie Ehrenobermeister Walter Schlüter an.

Die Innungsversammlung ernannte Momme Lundelius aus Nortorf zum Ehrenmitglied, Obermeister Tanck (links) überreichte ihm die Ernennungsurkunde. Einer der ersten Gratulanten war Ehrenobermeister Walter Schlüter (rechts).

So bekam ich weiterhin Einladungen zu Innungsversammlungen und sonstigen Anlässen. Vorerst nahm ich noch regelmäßig daran teil. Aber im Laufe der schnell „dahineilenden Jahre" schieden weitere mir gut bekannte

Kollegen aus dem Innungsleben aus und neue, mir unbekannte Handwerkskollegen kamen hinzu.
Änderungen im Vorstand taten ein Übriges, mein Interesse abnehmen zu lassen und meine Besuche wurden weniger. Als Ehrenmitglied ist man außerdem zu einer Stimmabgabe nicht berechtigt.

Die ersten Jahre nach Abgabe meiner Firma waren ausgefüllt mit nötigen Arbeiten an Haus und Hof. Langeweile kam nicht auf! Mittlerweile waren vier Enkelkinder angekommen. Auch hier konnte manche Zeit sinnvoll verbracht werden, zudem beide Elternteile, leider nicht in Nortorf ansässig, berufstätig waren.
Aber eine unbegrenzte Zeit des „Glücklichseins" war es auch nicht. Vor einigen „schwarzen Löchern", sprich „depressiven Phasen", blieb ich nicht verschont!
Dadurch, dass sich in den letzten Jahren die handwerklichen Tätigkeiten vor meinen Augen genau so abspielten wie zu meiner Zeit, kamen bei mir immer wieder die Gedanken auf: Warum hast du dein Lebenswerk bloß so einfach in fremde Hände gegeben?
Eine Besserung meiner momentan schwierigen Lebensphase trat erst ein, nachdem mein Nachfolger von meiner Werkstatt in einen Werkstattneubau umgezogen war! Die Stadt Nortorf hatte ein Gewerbegebiet ausgewiesen und Robert Döbbel hatte die Gelegenheit wahrgenommen, für sich ein Grundstück zu guten Konditionen zu erwerben und zu bebauen.
Nach Auszug der Firma Döbbel habe ich mit Freuden die Werkstatt innen und außen renoviert und bekam Lust, wieder, erst mal alleine, anzufangen!
Aber daraus wurde dann doch nichts. Die Werkstatt konnte verpachtet werden und so endete die FIRMA LUNDELIUS!

Auch waren 65 Lebensjahre bei bester Gesundheit erreicht und das Anrecht auf die Altersrente erworben.

Wie schon zuvor erwähnt, hatte ich seinerzeit die Jägerprüfung abgelegt. Die Ambition dafür erhielt ich aus meiner Ferienzeit als 10 bis 11jähriger Junge auf dem Friesenhof in Horsbüll-Wange bei Vetter Andreas.
Meine Vorstellung für die Zeit nach meiner beruflichen Laufbahn war, mich mehr in Richtung Jagd und Natur zu orientieren und damit meine Freizeit auszufüllen.
Da der Anteil an landwirtschaftlichen Kunden in der Zeit als Firmeninhaber groß war und viele Bauern auch Jäger waren, bekam ich sehr viele Einladungen zu den herbstlichen Treibjagden und hier auch schon mal einen Rehbock frei! Um auch jagdlich ganz auf der Höhe zu sein, musste ein Hund her!

Im Laufe der Jahre waren es zwei.
Birko von der Heischkoppel und Arco von der Loheide, beste Deutsch Kurzhaar!

Dazu kam mein Eintritt in den Jagdbläserchor Oldenhütten. Hier kam mir meine Erfahrung aus den Fanfarenzügen der Kriegszeit zugute.

Zumindest möchte ich eine Begebenheit aus meiner jagdlichen Zeit in meine Geschichte einbauen. Es hätte für mich schlimm ausgehen können. Hatte ich wieder einen Schutzengel?

Mitte der achtziger Jahre war es: Treibjagd in Nortorf. Ein kleiner Teil des Bargstedter Moores gehört jagdlich zu Nortorf und wurde von Jägern und Treibern umstellt bzw. umgangen. Das Innere der Dickungen war nicht einsehbar. Die frei jagenden Hunde sollten das Wild herausdrücken. Da ich das Gebiet nicht kannte und mich wunderte, dass niemand hindurchging, tat ich es. Dass mein gut arbeitender Hund Arco plötzlich bis zum Hals wegsackte, hatte ich gesehen, aber mir dabei nichts gedacht!

Arco kam schnell wieder aus dem Loch heraus und jagte weiter. Vor mir tat sich eine größere, gleichmäßig grüne Fläche auf, trügerisch mit einer dicken Schicht Entenflott überzogen. Beim nächsten Schritt war ich in Sekundenschnelle bis zu den Hüften eingesackt! Da mich keiner sah, konnte mir auch keiner helfen.

Die doppelläufige Schrotflinte hochhaltend, schaffte ich es tatsächlich, mich am Rand festzukrallen und wieder auf festen Boden zu krabbeln.

Ich verließ den Bruch wieder auf schnellstem Wege nach hinten heraus und traf hier auf den hochverehrten Jagdherrn Gustav Heeschen: „Lundelius, watt hem se denn mookt?" fragte Onkel Gustav, wie er allgemein genannt wurde. Ich erzählte es ihm und er sagte in guter Kenntnis der Moorgegend: „Door hem se ober Glück hatt, se harn wech siin kunnt!"

Aber meine jagdliche Passion, nicht nur wegen des vorher Gesagten, ließ langsam nach. Zu einigen traditionellen Treibjagden wurde ich noch eingeladen, bis ich auch die dann absagte.

Mit den Jahren war mir auch immer klarer geworden, dass die in die Jagd investierte Zeit meiner Firma sehr abträglich war. Beides, Selbständigkeit und Passion für die Jagd zu haben, verträgt sich nicht miteinander.

Obgleich ich es aber auch sehr genossen habe, auf einem Hochsitz auf das Anwechseln eines Rehbockes zu warten. Es waren spannende und schöne Momente. Wenn, ja wenn da nicht die Aufregung wäre und mir die Erlegung eines Stück Rehwildes immer wieder große Probleme bereitete.

Es zeigte sich immer mehr, dass ich das Alleinsein in der Natur am meisten schätzte: Vögel beobachten, mich mit Bäumen beschäftigen oder nur im Wald unterwegs sein.

Ein Fernsehbericht über die Bewachung von Seeadlern war sehr interessant. Das wäre was für mich! Nach einem Telefonat mit dem staatlichen Forstamt in Eutin bekam ich von dort ein Formular zugeschickt mit der Bitte, Angaben zu meiner Person zu machen. Auch konnte ich den zeitlichen Einsatz angeben. Mein Wunschmonat war der April und so bekam ich sehr schnell eine Einladung, mich am 16.04.94 im Lokal „Zur Mühle" in Dersau einzufinden. Hier holte mich um 12 Uhr der Dipl.-Biologe Volker Latendorf ab und brachte mich zum Bewachungsstandort bei dem Ort Kalübbe. Jetzt war für 8 Tage ein „ausrangierter Wohnwagen" mit Vorzelt mein Zuhause! Zusammen mit einem mir völlig fremden Gleichgesinnten bildete ich nun ein Bewachungsteam. Die Situation war zuerst gewöhnungsbedürftig, es wurde aber schnell, nach Austausch einiger Interna und Aufgabenteilung, eine gelungene Woche.

Das Spektiv, in eine Scheibe eingearbeitet, war genau ausgerichtet auf den 350 Meter entfernten Adlerhorst.

Durch das 35fach vergrößernde Glas waren die Vorgänge in dem Horst genau zu verfolgen.
Einer von uns musste immer am Spektiv sitzen und die Beobachtungen fein säuberlich in Vordrucke eintragen.
Aus welcher Richtung fliegt Er oder Sie den Horst an, was bringen die Altvögel zur Atzung?
Was spielt sich in und um den Horst ab, sind Störungen durch Krähen oder sogar Kolkraben zu befürchten usw.?
In diesem Horst waren, nach Brutbeginn um den 1. März und 40 Tagen Brutdauer, zwei Junge geschlüpft!
Der andere von uns musste mindestens ein- bis zweimal am Tag den Horstbereich auf Wegen großräumig umrunden, um Störungen durch Menschen und Sonstigem zu unterbinden. In diesem Fall betrug der Umfang fast 12 Kilometer! Auch hier mussten Besonderheiten einschließlich der Vogelwelt (welche Arten sieht man?) notiert werden. Für diese doch außergewöhnlich lange Strecke stand uns ein Fahrrad zur Verfügung.
Es hat mir sehr viel Spaß gemacht, trotz mittelalterlicher Zustände: kein fließend Wasser (wurde in Kanistern besorgt), keine Toilette (wurde in der Natur erledigt), aber sehr wichtig, eine Propangasheizung war vorhanden und sorgte im kalten April für genügend Wärme.

Bis 2002 kam ich dann noch zum Einsatz in den Buchen-
altbeständen auf dem Gutsgebiet von Bülow in Both-
kamp, auf dem Gutsgebiet des Grafen Brockdorf in Kleth-
kamp und auf dem Gebiet eines Gutes in Siggen, direkt
an der Ostseeküste gelegen.
In dieser ganzen Zeit war mein Mitbewacher Ehrhard
Farrar. Ehrhard, noch einige Jahre älter als ich, war in
Sachen Seeadlerbewachung ein „alter Hase" und während der gesamten Dauer von Ende Februar bis Ende
Juli für die „Adler" tätig.
Immer am Samstag war Bewacherwechsel. Dann kam
Volker mit der Ablösung, welche manchmal sogar aus
anderen Bundesländern anreiste.
Da meist in der Nähe keine Einkaufsmöglichkeiten be-
standen, mussten wir unsere Verpflegung für die gesam-
te Zeit mitbringen, einschl. der Bettwäsche.

Meine intensive Tätigkeit für die Natur begann auch 1994
mit dem Eintritt in die

„SCHUTZGEMEINSCHAFT DEUTSCHER WALD".

Die „SDW" war die erste Bürgerinitiative nach dem
2. Weltkrieg in Deutschland. Gegründet am 02.12.1947
in Bad Honnef von Waldbesitzern, Bauern, Politikern, um
den Einschlag in den Wäldern durch die Siegermächte zu
Reparationszahlungen zu stoppen.
Hier war jetzt meine Heimat in Sachen Natur! Trotz
meines vorgeschrittenen Alters konnte ich an den
Aufgaben, die die Schutzgemeinschaft sich gestellt hat,
mitwirken. Das waren z. B. Baumpflanzungen, Anlegen
von Waldlehrpfaden, Kinder und Jugendliche im Wald
begleiten und die SDW auf Ausstellungen (NORLA)
präsentieren. Eine Verpflichtung zur aktiven Mitarbeit
besteht nicht, aber wer helfen will, ist willkommen.

Auf dem Bild Momme mit einer Schulklasse bei den Waldjugendspielen im Hüttener Forst (Hüttener Berge).

Der Rundkurs im Forst beträgt 5 km. Anhand des Gesehenen wird ein Quiz-Bogen ausgefüllt.

Die Spiele wurden in Zusammenarbeit von SDW, Schul- und Forstamt durchgeführt. Um den Ehrgeiz der Kinder zu wecken, waren sehr schöne Preise ausgesetzt.

Die ersten Prospekte und naturkundliche Literatur über Bäume erhielt ich zu Beginn meiner Mitgliedschaft von Karl Arthur Jäger-Volk, welcher mich auch sozusagen „geworben" hatte.

Er war erster Vorsitzender der Kreisgruppe Rendsburg-Eckernförde und Nortorfs Altbürgermeister.

So haben Karl Arthur und ich in den ersten Jahren zusammen den Ferienspaß für Schulkinder aus Nortorf und Umgebung ausgerichtet, später war ich dafür allein zuständig. Nach einer Anfahrt von 12 km mit dem Fahrrad wurde im Bargstedter Gehege ein Rundkurs von 4,6 km mit Quiz absolviert (angelehnt an die Waldjugendspiele) mit anschließendem Grillen.

Je nach Teilnehmern waren mehrere Gruppen unter sachkundiger Führung unterwegs.

Hier Momme bei der Erläuterung von Baumzweigen.

Um Kindern den Wald nahe zu bringen, setzte es ein fundiertes Wissen voraus.
Für mich selbst war es eine Freude, hinter das Geheimnis „Wie wächst ein Baum" gekommen zu sein und es vermitteln zu können!
Dass ich hier im Alter in der SDW eine schöne Aufgabe gefunden habe und mich für die Natur einsetzen kann, macht mich sehr zufrieden. Wenn das Bemühen und der Einsatz dann noch registriert werden, umso schöner!

Am 17. April 2004 wurde mir auf der Mitgliederversammlung der Schutzgemeinschaft Deutscher Wald die
„Goldene Ehrennadel" verliehen und am 5. Juni 2009
erhielt ich, während der Feier zu „Hundert Jahre Stadt
Nortorf", die Verdienstnadel der Stadt überreicht!
Bei guter Gesundheit, so hoffe ich, möchte ich noch einige Jahre für die SDW und damit für die Natur tätig sein.
In jedem Fall habe ich mich bereit erklärt, noch weitere
drei Jahre im erweiterten Vorstand auf Kreisebene mitzu-
arbeiten.

Am 25. Februar 2010 feierte ich zusammen mit meiner
Familie meinen achtzigsten Geburtstag.

Anmerken möchte ich noch:

Unsere grüne Hochzeit wurde seinerzeit aus Geldmangel
nur in kleinstem Rahmen gefeiert. Die Silberhochzeit am
19. Juli 1983 und die Goldene Hochzeit am 19. Juli 2008
aber in angemessenem Rahmen mit großem Familien-
und Freundeskreis!

Ein Highlight der Goldenen Hochzeit war auch die
Teilnahme unserer inzwischen erwachsenen Enkelkinder,
die Geschwister Anna-Nina (Jahrgang 1985) und
Lennart (Jahrgang 1989), sowie die Geschwister Tim-
Bastian (Jahrgang 1988) und Merle (Jahrgang 1990).

MEIN Leben IST FAST GELEBT!

Kein Mensch weiß, was ihn in seinem Leben erwartet und welche Schwierigkeiten zu meistern sind.
Fakt ist: Wenn man die einem gebotenen Möglichkeiten nutzt, optimistisch ist und auch ein wenig Glück hat, kann man viel erreichen.
Den Weg der Tugenden aber:
Ehrlichkeit – Anstand – Fleiß sollte man tunlichst nicht verlassen!

Der Schriftsteller Stefan Zweig sagte:

„VIELE EPISODEN ERGEBEN EINE GESCHICHTE".

Meine Geschichte, zusammengesetzt aus „realen Episoden", nimmt hier nach LICHT und SCHATTEN, ein gutes ENDE.